イラストレッスン
ゴルフ100切りバイブル

「書斎のゴルフ」編集部=編

nbb
日経ビジネス人文庫

PROLOGUE

はじめに

英国の女流ミステリー作家、アガサ・クリスティはゴルフを愛していた。彼女は次のような言葉を残している。

「諧謔《かいぎゃく》と皮肉のゲームがとても人生を豊かにしてくれた。私はゴルフに深く感謝する」

ゴルフをする人は誰もが深い溜め息と共に、この言葉を受け止めるだろう。

まずは「諧謔」である。ゴルフにおいてはユーモアというより、ブラックジョークになってしまう。それは、いくら練習してもなかなか上手くなれない、というゴルフというものの性を表しているだろう。わかったつもりになってもすぐに闇の中に突き落とされる。開眼したつもりがいつものゴルフのままという事実。目を見張るようなナイスショットがあったかと思えば、顔を覆いたくなるような悲惨なショットに見舞われる。

石川啄木の詩を捩《もじ》れば次のようになる。

「打てども打てども、我がゴルフ、上手くならず」

思わず、「嗚呼！」という嘆きの声も出よう。そして、もはや自らを笑うしかなくなってしまうのである。

そして、「皮肉」である。体調のいい日に限って大叩き、熱のある風邪気味のときにベストスコアが出たりする。気合いが入ると大ダフリ、やる気のないスイングだとナイスショットになる。飛ばさないと思えば凄い当たりが出るし、グリーンに乗せないと思えばピンに絡んでしまう。入れようと思わないで打ったパットが入り、絶対に外したくないパットはカップに蹴られる。ゴルフは何という皮肉なゲームだろう。

実際にはさらにひどいアイロニーが待ち受ける。

「左がOBだからと右を向いたらダックフックでOB、右が林と左を向けばしっかりスライスして林の中、目の前の池に入れたくないと思えばダフって池の中」

しかし、それもまたゴルフであり、クリスティが言うように、悲惨なゴルフほど、後になれば愉快な思い出となる。

ゴルフ好きが集まって酒が入れば、必ずや悲惨なショットで大笑いするはずだ。決してナイスショットの話では笑えない。ひどいミスほど素晴らしい酒のつまみとなるのだ。

こうしたゴルフの「諧謔」と「皮肉」を踏まえながら、ゴルフの楽しさを味わえる、しかも上達できるというイラストをたっぷりと使ったレッスン書が本書、『イラストレッスン　ゴルフ100切りバイブル』である。気鋭の漫画家、加藤伸吉氏のアイロニカルな絵の数々を楽しんで上達してもらえたらと思う。

「ゴルフはイメージのスポーツ」と言った人がいる。ゴルフでのイメージは「メンタルピクチャー」と言い換えることもできる。グッドスイングのイメージをどう描くか。また、ナイスショットのイメージをどう描くか。それができれば、本当にグッドスイングでナイスショットが打てるのが、ゴルフなのである。

愉快なイラストでグッドスイングとナイスショットのイメージを膨らませ、有意義なレッスン解説を熟読して、ぜひともゴルファーとしての最初の一歩である、100切りを達成して欲しいと願う。脱アベレージゴルファーの日は近い。

2012年1月
『書斎のゴルフ』編集長
本條強

CONTENTS

PART 2 THE LONG HIT TECHNIQUES［飛ばし編］

PART 5 THE PUTTING METHOD［パッティング編］

PART 6 MIND&HEAD CONTROL［心と頭脳編］

THE BASIC SWING

PART 1

スイング編

スイング編 1

90度が生み出す普遍の方向性。その鍵は右足にあり

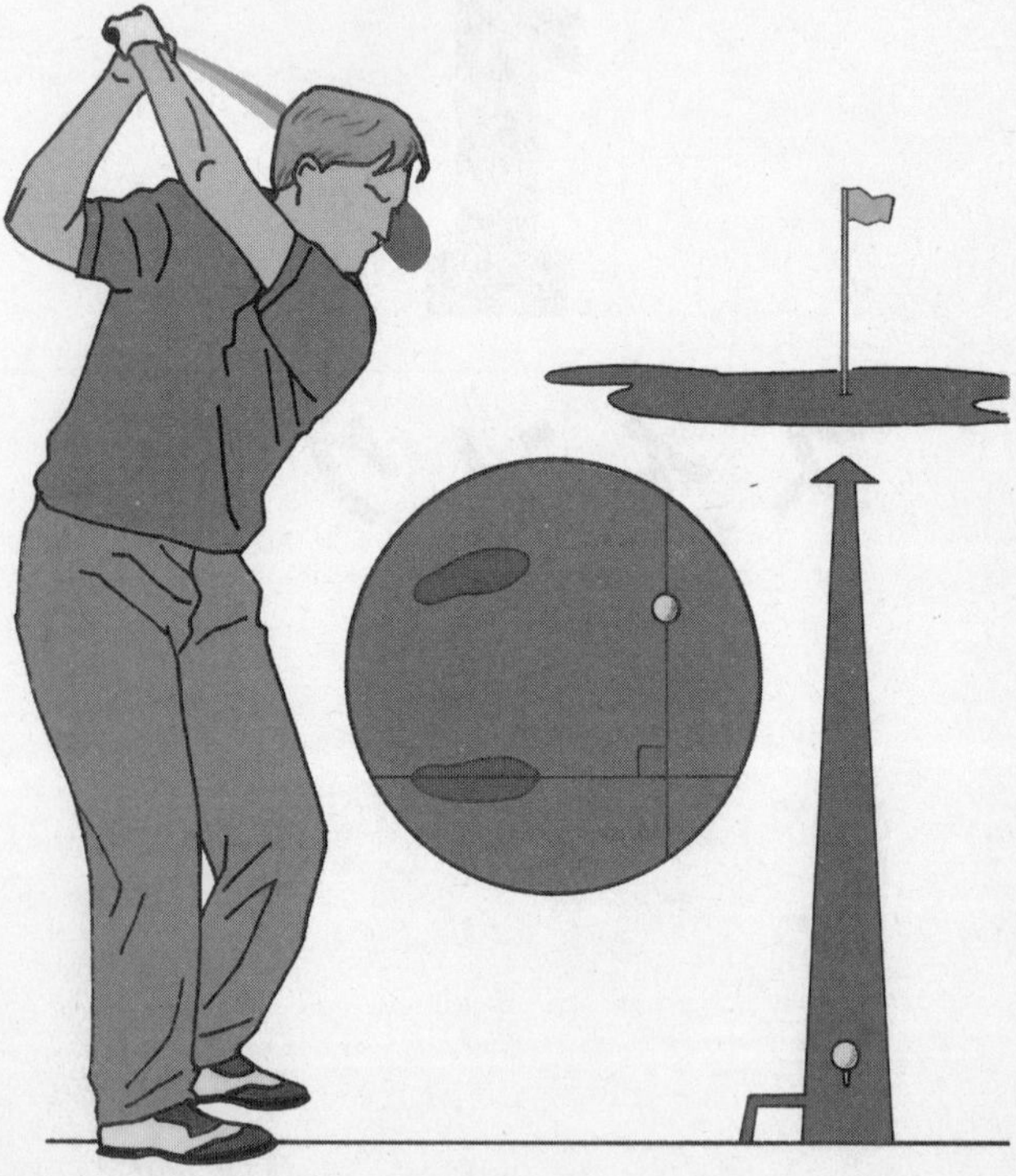

ボールがどこに向かって飛んでいくのか。ゴルフにとって最大のキーポイントがこれである。芯にビシッと当たってロングドライブが出ても、フェアウェイをキープできなければ次のショットに大きな問題を残す。しかしそれならばまだいい。ひどいのは第1打をベストポジションに運び、2オンも楽勝というシチュエーションのとき。きちっとヒットしたのはいいが、方向がまったく違っていたためにバンカーや池に入れて、とんでもなくスコアを崩してしまうことだ。

野球のピッチャーは、プレートに右足（右利きの場合）をかけて投球フォームに入るとき、右足の外側はプレートに平行な形に置く。故に右足は自分とキャッチャーを結ぶラインと直角を成している。投げたときに右足が前に出てくるが、そのとき左の膝は投げる方向を向いている形になる。

この一連の動作はゴルフのスイングにも応用することができる。つまりこうだ。スタンスをとるときに右足をターゲットラインに直角にセットするように心がけるのだ。無意識に右足をセットして右や左にボールが散らばっているゴルファーはこの右足をちょっと気にかけておくといい。

右に出ていく場合は右足のつま先が少し開き気味に、逆の場合は閉じ気味にセットされていることがままあるものだ。ここで気をつけて欲しいのは左膝。野球のピッチャーと少し違うのは左膝の向く方向にボールが飛んでいくわけではないということ。ゴルフのスイングでは右足の膝が向いた方向にボールが飛んでいく傾向がある。また、右足が目標と直角に向いていればフィニッシュでは右足親指だけが地面につき、そこを軸に足が回転する形になる。伸び切って指の先だけがついているというのは誤りなのである。

スイング編 2

腰はスライドでなくターンする。これが正しいスイング

スイングは肩、腰など頭から下の部分を捻ることによって生じる反作用を利用してボールを打つアクションである。言ってみれば思い切り弓のツルを引っぱれば矢が勢いを得て遠くに飛んでいくように、体の捻れが大きいほどパワーは蓄積される。そうすればダウンスイングでヘッドスピードが増大し、パワーをボールに供給することができるのだ。

ところがアマチュアゴルファーの中には、体を回転させているという錯覚に陥っているプレーヤーが少なくない。バックスイングのときに左肩が落ちている人や腰を右に移動、つまりスエーしている人などである。これらはこの動きをきっかけとして、右左にウェイトシフトを行ってしまっているので、体が回転しているという錯覚の餌食になってしまうのである。

元々バックスイングの目標は体を回転させることにある。左肩や腰が上手く回転すればウェイトシフトを始め、スイングに必要とされる諸動作はごく自然に行われる。なので正しい回転運動を行う必要があるが、わかりやすいのは人に見てもらうこと。友達でも誰でもいいから後ろに立ってもらい右腰にクラブのグリップの部分をそっとあててもらう。そのグリップが右方向に押し出されるようならスエーしている証拠。添えた位置から動かないようにバックスイングをするのが正しい。

もう1つの方法は左肩に神経を集中するもの。左肩を左から右に半円を描くような軌道上に乗せてやる。腰と違って左の肩は自分の目の前で動くから直接見ながらチェックすることができる。ただ、ここで気をつけて欲しいのは肩が下がり過ぎないようにすること。回転していると勘違いするのはこの動きである場合が多いからだ。

スイング編 3

基本の中の基本は、ボールをよく見ること

プロの中にはボールなんてたいして見ていない、などと言う人もいるが、それはこれまでに何万球もボールを打ち、しかも毎日ボールを打っているプロだから言えること。我々アマチュアは、ボールをよく見なければ上手く当たるわけがない。

これはオーストラリアで数々のプロを育てたチャーリー・アープも、基本の中でも最も大事なことは「ボールを見ることだ」と言っている。彼は言う。

「野球だって、テニスだって、一流の選手は皆しっかりとボールを見ている。もちろんゴルフだってそうだ。よそ見をして打っているプロなんて一人もいない。アドレスでボールを見て、インパクトの瞬間もしっかりと見ておくこと。フェースがどんな向きで、どんなところにボールが当たったかまで、わかるぐらいに見ることだ」

そして、フェースが飛球線に対してスクエアに当たっていれば、必ずやボールは真っ直ぐに飛ぶという。

「物理学で言っても、フェースにボールがスクエアに当たれば、フェースは閉じても開いてもいないことになる。となれば真っ直ぐに飛ぶことになる。もちろん、これはフェースの芯に当たっていれば尚さらいいことは当然だから、それも目指さなければならないけれどね」

インパクトでボールとフェースが当たるところがわかるぐらい見ていれば、ヘッドアップもなくなる。そうなれば、ボールを打ったあともボールが当たったところを見ているぐらい、頭が残ることにもなるだろう。ナイスショットはボールを見ているだけでも可能であることがわかるはずだ。

スイング編 4

壁に頭をくっつけて、シャドースイングしてみると……

美しいスイングを作るためには、アドレスからテークバックに至るプロセスをチェックし、一旦トップで停止して正しい形を作る。そして下半身始動でダウンスイングに入っていき、左の壁を意識してインパクトに突入、体の正面が完全に目標を向くようにフィニッシュを決める。という動作をゆっくり作っていくのがまず第一歩。そしてそれができたら、チェックを積み重ねながら、素振りをするというのがフォームを固めるには効果的である。

だが、人によっては伸び伸び素振りができるスペースが確保できなかったり、時間がなかったりして思うようにいかないこともあるだろう。だからといってところ構わずクラブを振る真似、シャドースイングをしていたのでは、せっかくきれいなスイングが身につきそうなのに頭がグラグラしたり、流すような、いい加減なスイングになってしまう可能性もある。

そこで日常生活の中で効果を上げるための練習法を紹介しよう。それはイラストのように壁に頭をつけた状態でシャドースイングを行うことだ。もちろんクラブを持つことはできないから、グリップの形だけ作り、クラブを持っていると想定してスイングをしてみる。壁と頭が接している部分に神経を集中して、バックスイングからフォロースルーまでをやる。すると自然に頭のてっぺんから首筋を経て、背骨を通る線が体の回転軸になっているのがわかる。実際のショットでもこのイメージを崩さぬようにスイングすれば、軸のブレを抑えることができるはずだ。

だが、実際のフォローからフィニッシュに向かうプロセスでは、右肩が回ってくるのと同じタイミングで頭が目標を向くように心がける。ずっと下を見たままだとフォームが崩れてしまうのだ。

スイング編 5

どこが何度回転するのか、きっちりとつかんでおきたい

首の付け根が動かないように意識しながら、背骨を通る線をピボットの軸にしてボディターンをするのがブレないスイングをするポイント。だが、体を回すことばかり考えていると無闇にボディターンをすることになり、体に無理がかかる。こうなるとスイングするどころではない。トップはオーバースイングになってしまうし、そうなると左肘が曲がってしまって手打ちになる。

そこで気を配りたいのは、体の各部分がどのくらい回転をするかを大雑把でもいいからあらかじめ知っておくことである。イラストはクラブヘッド、手首、肩、腰の回転する角度を示している。角度はわかりやすいように後方下から見たように描いてある。

まずクラブヘッドだが、テークバックからの軌道を辿ると、1度頭の後方まで上がりダウンスイングでもう1回同じ軌道を通り、360度以上の回転をする。次に手だが、クラブヘッドと同様、テークバックとダウンスイングで同じ軌道を通り、フィニッシュに至る過程でおおむね270度くらい回転する。そして肩。これは左肩基準に考えると左から正面へ90度回転するのが一番いい形だ。最後は腰。この部分は、45度回ると考えればいいだろう。

こうやって見るとわかる通り、腰から数えてクラブヘッドまで、2~8倍回転していく仕組みになっている。しかし、これら全部を気にとめてスイングするのは煩わしい。そこでとりあえず肩と腰の回転に注意を払うことをお勧めする。つまり肩は腰のほぼ2倍のターンを要求される、ということを念頭においてスイングするのである。そうすれば上体はしっかり回転し、そのアクションに呼応して、リストやクラブヘッドも動くようになるのだ。

スイング編 6

ドライバーはクローズド、ショートアイアンはオープンで

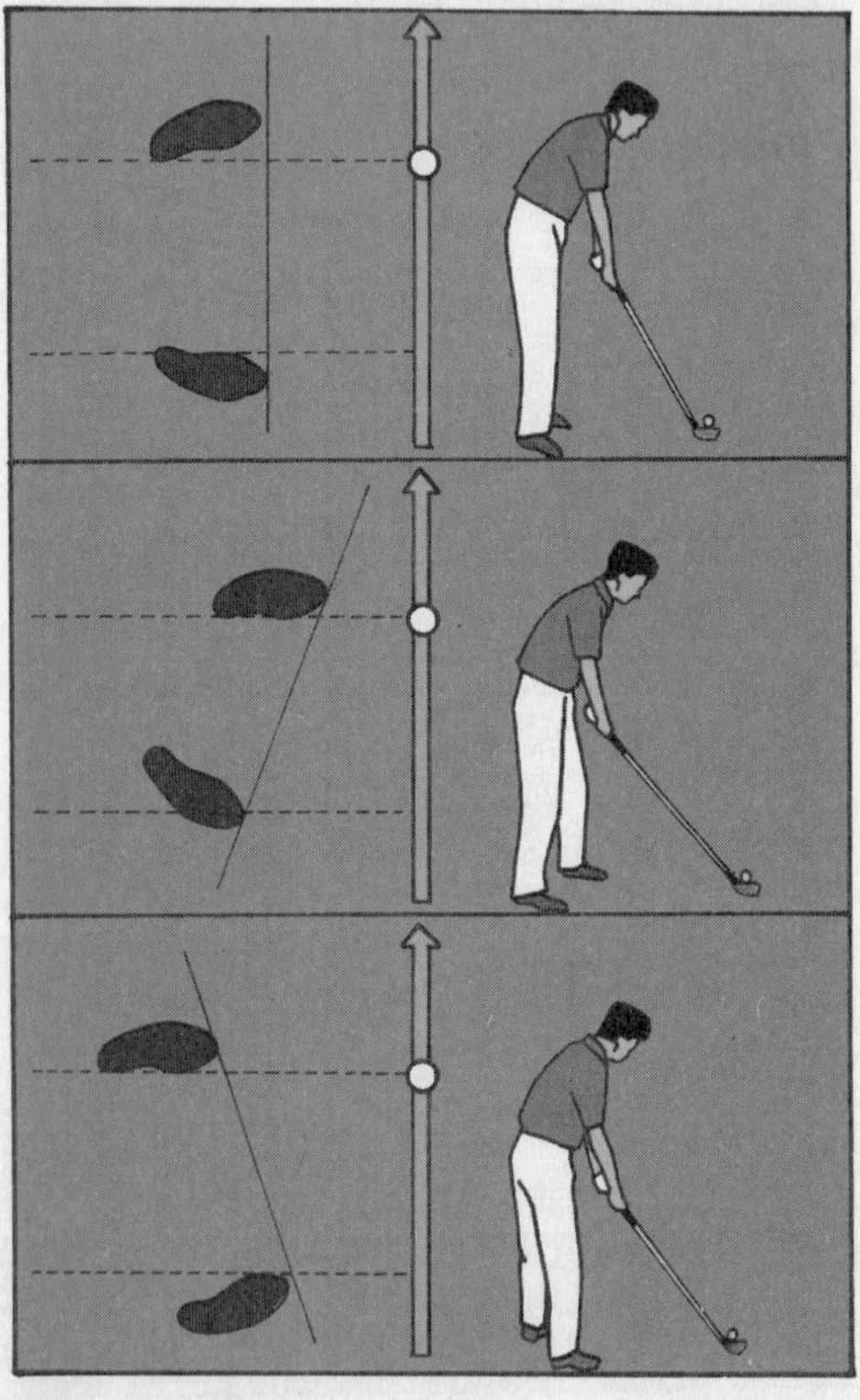

ゴルフの最も基本的な3つのスタンスを、各クラブのスイングに当てはめて象徴的に説明されてきた事柄がある。それは「ドライバーはクローズド、ロングアイアンはスクエア、ショートアイアンはオープン」というものだ。ところがいつの間にかアドレスはいつでも同じであることが正しいと思ってしまい、それぞれのクラブに合ったスタンスがあることをすっかり忘れてしまっている。

では、実際にこの言葉通りのスタンスで打ったらスイングはどのようになり、ボールはどう飛んでいくのだろうか。

まずドライバーだが、スタンスはクローズド。この形を取ると、体は目標のやや右寄りを向いて立つことになる。するとスイングはインからアウトに出て行く軌道を通る。この軌道上でインパクトを迎えると、自然とボールにドローがかかる。ドローボールには距離を増やすという利点がある。そのためドライバー向きということになるのだ。

次にロングアイアンのスクエアスタンスだが、これは一番ナチュラルなスタイル。正しい軌道でフルスイングが要求されるロングアイアンにはぴったりマッチしたスタンスということになる。

最後にオープンスタンスのショートアイアン。オープンスタンスにすると左足が多少後ろへ下がるため、目標に対して半身の構えとなる。こうなるとフルスイングはしにくいから、自ずとコントロールショットになる。スイング軌道はアウトサイドインになるため、ややカット気味のショットで止まりやすいボールが生まれる。このため、ショートゲームに適しているといわれるのである。

それぞれのショットで迷っていた人は、試しにこの方法に従ってみてはいかがだろうか。

スイング編 7

慌てるテークバックには得るものが少ない

グッドショットが生まれるか否かはアドレスが済み、バックスイングにいたる段階ですべて決まるといってもいいかもしれない。だからその過程に全神経を注いでスイングに集中するべきだ。

アドレスは人それぞれのやり方があるため、いちがいにこうしろとは言えないが、テークバックについては1つだけ定説といってもいいものがある。それは「速すぎるテークバックは百害あって一利なし」ということである。

ゆったりアドレスに入って、キチッとコンセントレーションできているにもかかわらず、あっという間にテークバックをしてしまうというものがあるが、その結果は狙っているポジションに届かないばかりか、トップやダフリを生むことがままある。

岡本綾子は、速いテークバックを戒める意味で次のことを言っている。

「非常に速いバックスイングをするものに一流のプレーヤーはいません。クラブヘッドのスピードは必要だけど、バックスイングではまだその必要はないですからね」

そういえばトーナメントで見るトッププレーヤーは例外なくゆったりとしたテークバックを行い、それとは正反対の猛スピードでダウンスイングに入り、その勢いに乗せてボールをクリーンにヒットしている。「ボールは自分の前にあるのであって頭の上にあるわけではない」ということを言ったオールドゴルファーがいたが、なるほどという感じがする。

しかし、ここでも過ぎたるは及ばざるがごとし。あまりゆっくり、つまりノロノロとテークバックするとかえって逆効果になる。その余裕ある過程でいろいろなことを考えてしまうからだ。

スイング編 8

スイングドアにボディターンの神髄を見る

上手なゴルファーになるためのホップがグリップであるとすれば、いいターンはステップだ。背骨を軸とした回転が正しく行えれば自然にスイングもスムーズになる。

では、よい回転とはどういうものだろうか。まずはイラストを見ていただきたい。スイングする人間を人形にたとえ、その頭から背中に1本の軸を通す。そして上のツマミをつまんで180度回転させる。そのときクラブは、ちょうどおヘソのあたりから真っ直ぐに正面を指すようにするのだが、この回転が最もベーシックなものだ。

この回転は、あたかもスイングドアが開き、そして閉じるという動きに似ているため〝スイングドア・ターン〟などとも呼ばれる。スイングドアとはよくアメリカ映画の西部劇のバーに取り付けられているドアのこと。スイングに例えると、バックスイングではドアがオープンになりダウンスイングではクローズに向かって体が動いて行く。そこまでの回転はちょうど90度。さらに回転を続けて、フォロースルーにあたるアクションに入る。するとドアは完全にクローズする。

この回転の正しいやり方は、回転がバランスよくなされなければならないということ。つまり90度右に回ったら同じく90度左にも回転するという具合。このときお尻まで十分に回転させる意識を持つと、強さが加わりプラスアルファのパワーを生み出せる。

回転のフィーリングは、体を前に倒さず真っ直ぐ立ったまま右に体を回すこと。クラブシャフトが目標にスクエアになるまでだ。その後、左に回転するとシャフトは再びターゲットラインに平行になる。そうすることでオープンからクローズへという感覚をよくつかむことができるだろう。

スイング編 9

ボトルの水が教えてくれる、ダウンスイングの極意

自分にとっては一番、と思える方法でスイングしていても、しばらく経つと体が痛くなってくるということがあるだろう。例えばアドレスでは背中が大きく曲がっているのに、インパクトでは真っ直ぐ伸びるというような形。別の言い方をすると、クラブを放り投げるようなスイングとなるが、これは背中に相当の力が加わり、無理がかかる。背中の悪い人には絶対にだめな方法だ。

そこで背中に無理をかけずにフルスイングの感じをつかむ方法としてここに登場するのが、〝ボトルスイング〟である。文字通り瓶を振るのであるが、ただ振っているだけではクラブ状の棒を振っているのとあまり変わらない。

まず、瓶を用意する。あまり小さ過ぎない例えばビール瓶のようなものがいいだろう。口元が細くなっているほうが適しているからだ。この瓶の下から10㎝くらいの位置まで水を入れる。そして栓を取ったままで、口元を下にする形(イラスト)で持ち、スイングをする。正しくスイングできていれば濡れないで済む。クラブを叩きつけるような、または放り投げるようなスイングをする人は濡れてしまうはずだ。もちろん水が出ないように、と気を使って異常に性急なスイングをしたり、瓶を寝かせたままスイングをしてはいけない。

これはスイングにとって命ともいえる大切な遠心力を無駄にしないための効果的な練習だ。この〝ボトルスイング〟がスムーズにできればクラブヘッドのスピードを上手くボールに伝えるコツがつかめるわけなので。スイング途中では瓶の中の水は底にへバリつくようになっていなければならない。水でなく酒や醤油なんかを入れておくと危機感が増してもっと上手くいくかもしれない⁈

スイング編 10

両腕をロープで縛って、脇を締めたスイングドリルを行う

14本あるクラブの中でもドライバーが最も苦手だという人がいるだろう。「ドライバーさえ真っ直ぐに飛べば、楽に100が切れるのに」と。しかし、そういう人に限って、練習のときからマン振りで、コントロールを身につけるということをやらない。だからこそ、コースでは右にも左にも曲がっていく球を打ってしまうということになるのだ。

ではどのようにすればコントロールが身につくのかということだが、これは脇を締めたスイングを行うことが一番である。例えば、イラストのように両腕をロープで縛ってしまう。または、タオルを両脇に挟んでスイングをするという方法もある。最近はバンドのような練習用品もあるからそうしたものを利用するといい。

要は何でもいいから、両脇を締めてスイングしてみるのだ。違和感があるだろうから、最初はアプローチから始めてみる。窮屈かもしれないが、意外とボールの方向性がよいことに驚くだろう。しかも手打ちができないからボディターンスイングに自然となっていく。となれば、スイング軌道も理に叶ったものになるはずだ。

アプローチが上手くできるようになったら、ウェッジやショートアイアンでフルスイングしてみる。それが上手くできたら、ミドルアイアン、フェアウェイウッドとクラブを長くしていく。こうして最後はドライバーを振ってみる。このときには、かなり違和感も解消しているはずだから、思い切ってドライバーを振ってみて構わない。マン振りしても、腕に頼ったスイングになっていないから、方向性がすこぶるよくなっているはずだ。

スイング編 11

よいスイングを作るなら、「ハーフスイングドリル」を行おう

スイングをよくしたいと思っているアマチュアは多いだろう。そういう人にお勧めの練習法がある。スイング作りの基礎といわれるものだが、これはフルスイングではなく、ハーフスイングを繰り返し行うものである。つまり、「ハーフスイングドリル」である。

手にするクラブは7番アイアン。普通にアドレスしたら、シャフトが地面に平行となるぐらいまでバックスイングする。フォローもシャフトが地面と平行になるところまで行なう。バックスイングでのコックは自然に行ない、リリースも自然に行なう。体重移動も右に、左にと自然に移動する。腕の力を抜き、楽にクラブを振るのだ。ただし、アドレスは背筋を伸ばして腰を入れ、フルスイングができる態勢で行なうこと。つまり、シャフトの動きが180度となるハーフスイングを行なうというわけだ。

バックスイングでは左肩を回して左腕を伸ばし、フォローでは右肩を回して右腕を伸ばす。このときインパクトではフェースがスクエアになるようにする。つまりハーフスイングだけどボールは真っ直ぐ目標に飛ぶようにコントロールするわけだ。

これができるように、このハーフスイングだけを100回は行いたい。かつてグレッグ・ノーマンが世界を制していたときは、このハーフスイングドリルを毎日500〜600回は行っていたという。なぜなら、このハーフスイングには、ボディターンでしっかりと打つというスイングの基本があるからだ。

野球で言えば〝地獄の千本ノック〟が、ゴルフでは〝地獄の千本ハーフスイング〟なのである。

スイング編 12

山奥のゴルファー、“木こり”の仕事ぶりにスイングのヒントが

木こりが斧を振り下ろし、大木を切り倒そうとしている。この斧を振り下ろす動きがスイングアクションにそっくりなのだ。そして実際にそれを基にしてトッププロとしての名を後世に残したプレーヤーもいる。サム・スニードがその人だ。

スニードが生まれ育ったバージニア州アッシュウウッドは、地名が示す如く山深い森に囲まれた町。彼がゴルフに足を踏み入れたのは7歳のときだったが、貧しかったため、木こりのアルバイトをしながらゴルフを続けた。この少年時代の経験が彼の名高きナチュラルスイングの礎を作ったのだ。そのスイングはあくまで自然に行われ、クラブヘッドに任せた感じでリズミカルに、そしてスムーズになされていた。そのリズムの秘密が木こりの斧にあったというのは面白い。

まあ、木こりが斧を振るスタイルをそのまま真似してクラブを振れと言っても無理な注文だろう。ではどのように考えればこの斧の原理を応用できるのだろうか。答えはこう。スタイルもさることながらボールを打つときの意識に斧で木を切る感覚を取り入れるのだ。

斧で木を切るときは、一発一発が狙ったところにいかなくてはならない。そしてあくまで目的は木を叩き切ることなのだから、いわゆる打ち込みをすることになる。これをスイングに取り込むのだ。ボールを叩き潰すような感覚でスイングする。もっと極端に言えばクラブを叩き折るようなつもりでスイングしてみていただきたい。意外な効果が生まれることに驚く人も多いのではないだろうか。ただ注意して欲しいのは叩き込むからといって自分のスイングアークやフォームを変えてしまわないことだ。

スイング編 13

ハンカチが教えてくれる、正しいスイングのリズム

スイングに不可欠なものの1つにリズムがある。ゆっくりしたテークバックをし、トップでは綺麗に左腕が伸び、体も十分に回り切っていても、それらのアクションに一体感が伴っていなければスイングそのものは失敗である。そこでリズムの大切さがにわかに浮き彫りになるのだが、リズムを口で説明するのはかなり難しい。しかしご安心あれ。たった1枚のハンカチとちょっとした重りの代わりになるようなものがあれば、スイングのリズムをつかむきっかけとなるのである。

まずハンカチの端に重りになるようなものをくくりつける。これを指先でつまんで振り子のように振る。するとハンカチは左右対称の綺麗な振り子運動を見せる。だが一旦手を早く動かし始めるとリズムは崩れ、振り子運動は規則性を失ってしまう。これをスイングに応用するのである。

イラストのようにこのハンカチとクラブを一緒に持って軽くスイングしてみる。正しいリズムで振られたときは、遠心力が加わってハンカチはクラブ側を底辺にして二等辺三角形に近い形になる。だが手に力を入れてクラブを押し出したりすると、たちまちリズム感が損なわれ、ハンカチはめちゃくちゃな運動をするようになる。

この運動を繰り返してみるとわかるが、正しいスイングアクションは決して力によるものではなく、クラブヘッドが生み出す遠心力を手首にジョイントして上手く利用するものである。そしてその遠心力を十分に生かすことがリズミカルなスイングを実現させ、体から無駄な力を抜かせることにもつながるのだ。ここでのヘッドワークで必要なのは決してボールを遠くに飛ばそうと思わないこと。せっかく力みがとれたところでこれを思っては遠心力を生かすどころではなくなってしまう。

スイング編 14

トップ・オブ・スイングは、そば屋の出前持ちの要領で

トップの最も理想的なポジションは、「スイングの中心軸が安定し、その上で体が十分に回転し切ったところ」である。数字で表せば両肩が90度、腰が45度回転したところだ。これで上体の形は決まる。だが、グリップと左腕の状態と下半身の体重移動をさらにチェックする必要がある。

まずグリップだが、最も注意しなくてはならないのが左手。アドレス時の感覚を維持しなくてはいけない。というのは左腕が伸びる分、どうしてもグリップが緩みがちになるからだ。また、手の甲が上や下に折れるのもいけない。左腕で気をつけるのはなるべく肘を曲げないようにすること。肘が曲がっているとパワーの源となるスイングアークが小さくなってしまうからである。

ここまで書いた上半身の形をイメージの世界で構成してみると、ボーイが食事を運んできたり、そば屋さんが出前をかついでいる姿が浮かんでくる。右手の手の平でお盆を差し上げている感じだ。左は握り拳を作ったままにし、第二関節以下の部分（空手で正拳に当たるところ）でそのお盆が安定するように支えてやるのだ。

最後に下半身だがヒールアップする人にしろ、ベタ足の人にしろ、体重は右足に大きく移動する。ここでヒールアップする人が気をつけなければならないのは、ヒールアップする足の親指の付け根の部分はしっかりと地面を押さえつけること。またヒールアップと同時に膝が自動的に前に出てくる格好になるが、このときも膝はやや内側、ちょうどボールのプレースされているところを向くようにしなくてはならない。もっともアドレスできちんと膝が絞れていれば気を遣わなくとも自然にその方向に向くはずだ。このヒールアップはクラブが短くなるほど少なくなる。

スイング編 15

自分のリズムをつかんでおくと、打ち急ぎのミスが減る

ゴルフはよく、リズムとテンポのスポーツと言われる。ドライバーのショットからパッティングまで、どんな局面でも一定のリズムでスイングできるようになれば一人前だ。しかし、これがなかなか難しい。特にプレッシャーがかかるときはこのリズムが乱れてミスショットになることが多い。

例えば目の前に池があるという場合だ。池を越えるにはキャリーで160ヤードを打つ必要がある。この距離であれば、普段通りのスイングをすれば、ドライバーで軽く越えられるはずである。ところが、池を越えなければいけないという気持ちがスイングのリズムを狂わせる。

多くの場合、スイングが速くなる。飛ばそうという気持ちが速く打つという動作になるわけだ。その結果、ダフリやトップのミスが生まれ、ボールはあえなく「ドボン!」と池の中に。

こうしたことはバンカーショットやパッティングにも言える。バンカーに入ったボールを出したいという気持ちが、普段のスイングリズムを狂わせ、ボールは再び砂の中。パッティングでもバーディパットなどでは思わず強くヒットして大オーバー、返しも外してあえなくボギーにしてしまう。

ではどうすればいつものリズムで打つことができるのだろう。マスターズチャンピオンのニック・ファルドがよい練習方法を教えてくれる。

「一直線に並べたボールをリズミカルに打っていく練習が効果的だね。しっかりとしたトップから連続でショットする。このときボールの行方を追わずに最後まで下を向いておくことが大切。こうして機械的に打っていけば自然にリズムが体に染み込むんだ。そして、実際のショットもこの連続打ちのリズムを思い浮かべて打てば上手くいくよ」

スイング編 16

スイングへのスムーズ・イン、「右膝のフォワードプレス」の秘密

「ゴルフは静止しているから難しい」とよく言われる。ボールが止まっているからやさしいはずなのに、ボールの動いている野球よりも当てるのが難しいと、ゴルフ好きの野球選手までが言う始末である。

ではなぜにボールが止まっているのに当てるのが難しいかと言えば、それは止まっているからこそ、打つタイミングを取るのが難しいということになる。野球のバッターなら動いているボールに合わせてタイミングを取ればいい。ところがボールが止まっているゴルフではタイミングが取れないというのだ。

ならば自分から打ち始めるタイミングを作るしかない。そこで行われるようになったのがフォワードプレスである。バックスイングを始める前に、グリップを飛球線方向に一度押してやる。そうするとスイングの始動のタイミングが取れるというわけなのだ。

これをジャンボ尾崎はさらに工夫して、バックスイングするときに、グリップとともに、右膝を一度、インパクトの形になるようにグッと左に動かすわけだ。

アドレスでグッと右膝を入れてからバックスイングする。こうするともの凄くスイングを始動するタイミングが取りやすくなる。スムーズにバックスイングができ、流れるようなワンピースのスイングが行いやすいのだ。

常々、「スイングは、リズムとタイミングが大切なんだ」と言うジャンボ。その彼が体で覚え込んだ「右膝のフォワードプレス」。これでテークバックへ、スムーズ・インだ。

スイング編 17

スイングスピードを変えて、自分に合ったビートをつかむ

正しいテンポでスイングすることはとても重要であり、とてもベーシックなゴルフの心得である。とは言ってもこのテンポ、すべての人が均一に、まるでメトロノームに合わせるようにスイングすることはできない。プロを見ても周りのアマチュアを見てもすべて違うテンポで打っているように、1人1人にそれぞれ一番合ったテンポのスイングがあるのだ。

例えばUSツアーのプロで言うと、トム・ワトソンはとても速いリズムのスイングを見せるが、ベン・クレンショーはとても遅いスイングをする。プロの中にはゲーム中にもかかわらず彼らのスイングを研究し、自分に最も合ったテンポのスイングを探し出す抜けめないプレーヤーもいる。

我々もそういうやり方でテンポをつかむことは可能だ。だが、プロのスイングは完璧に違う。まる写しするのはやはり難しい。そこで自分1人でできるベストスイング検出法はと言うと。

まずどんなショットでもいいから、いつもやっていると思われるスピードで打ってみる。そうしたら次は同じクラブを使って少し速く打ってみる。これが終わったら今度はクラブを変えてゆっくり打ってみる。これをいろんな番手のクラブで繰り返しトライし、自分に最も合う、というか、一番いい球筋が出るスイングビート（スイングの速さ）をつかむのである。

とにかく速く振り回せばヘッドスピードが増し、ボールが遠くへ飛ぶのではないかと思われがちだが、この方法をやってみると人によっては先入観が間違いであることがわかるだろう。また逆に遅ければ確実に方向性が安定するという考え方も一長一短であることがわかるはずだ。探し出したスイングビートをいち早く体で覚えてしまうことが上達を早めるのだ。

スイング編 18

ストレートボールは、真っ直ぐ並んだドミノを倒す感覚！

スイングではテークバックからバックスイングに至るまでのプロセスで自然に手首が折れる動作を伴う。この手首の動きをコックというが、ちなみに理想的なコックの形を説明してみよう。

まずコックが開始されるのはクラブが地面と水平になるあたり。ここで一番大切なのはコックをする方法だ。決して左手の甲側に折らないこと。甲側に折ってしまうと、目標に向いていたクラブフェースの位置を崩すことになり、フェースはクローズになってしまう。コックはグリップした場合の両手の親指方向に成されるのが正しい。その際は決して急がず、スイング動作の自然の流れの中でコックすることも忘れてはならない。

さて、今度はコックとはちょっと違うが同じ手首の動きを伴うという意味で、インパクト後のリストアクションのコツを覗いてみたい。

インパクト後のフォロースルーで右の手首を被せるようにしてクラブを振り抜いていく人を見かけるが、これが早すぎるとクラブヘッドを内側に向けることになり、ボールの方向性が悪くなる。これを防ぐのに一番いい方法は、手首の返しを意識せず自然な動きに任せることだ。

もしそれでも手首をコネてしまうようならば、イラストのようにインパクト後のクラブフェースの軌道上に、ドミノ倒しの要領で並んでいるドミノを倒すつもりでクラブを振り抜くといいだろう。そしてその次のドミノは真ん中に〝白マル〟表示を前に押し出す感じでフェースを運んでやるようにする。そうすれば手首の返しに〝間〟が生まれ、ボールの方向性を狂わすことがなくなる。と同時にクラブフェースも真っ直ぐ出るようになるというわけだ。

スイング編 19

頭の中にいつも入れておきたい、スイングプレーンとは？

スイングプレーン。人によってはあまり聞き慣れない言葉かもしれない。ベン・ホーガンの『モダン・ゴルフ』に登場したこの言葉は、半世紀を過ぎた今でも重要なものとして語り継がれている。スイングプレーンを簡単に説明すると正しいクラブヘッドの通り道ということになる。その仕組みはこうだ。まずイラストのように平らな面を自分のクラブヘッドの通り道に想定する。そしてその想定した面の上にクラブを滑らすようにスイングするのである。悪いスイング、最悪のショットはこのプレーンを外れたときに発生するのだ。

では実際のスイングプレーンとはどのようなものになるのだろうか。

正しいスイングプレーンを意識してスイングをすると、テークバック開始直後にクラブヘッドはターゲットライン（飛球線）から離れて内側に入り、インサイドに向かって上がっていく。そしてトップからダウンスイングに移る過程ではクラブヘッドはアウトサイドに向かっていき、インパクトを迎える。インパクトからフォロースルーでは再びインサイドへと上がっていく。これがスイングプレーンをイメージしたときの一連のスイングアクションである。

この理論でいけば、「テークバックではクラブを真っ直ぐ後ろに引いてゆき、インパクト後も50㎝は飛球線に沿って真っ直ぐクラブヘッドを押し出せ」というのが正しくないことがわかる。

このスイングプレーンを仮想するのはなかなかやりにくいことかもしれないが、ちょっと工夫することでわかりやすくもなる。例えばガラスに自分の姿を正面から写しガラス上にテープを張ってその線に合わせてスイングする、といった具合にだ。ぜひトライしてみて欲しい。

THE LONG HIT TECHNIQUES

PART 2

飛ばし編

飛ばし編 20

グラグラの軸は軸でない。ピタリと決まった軸を作れ

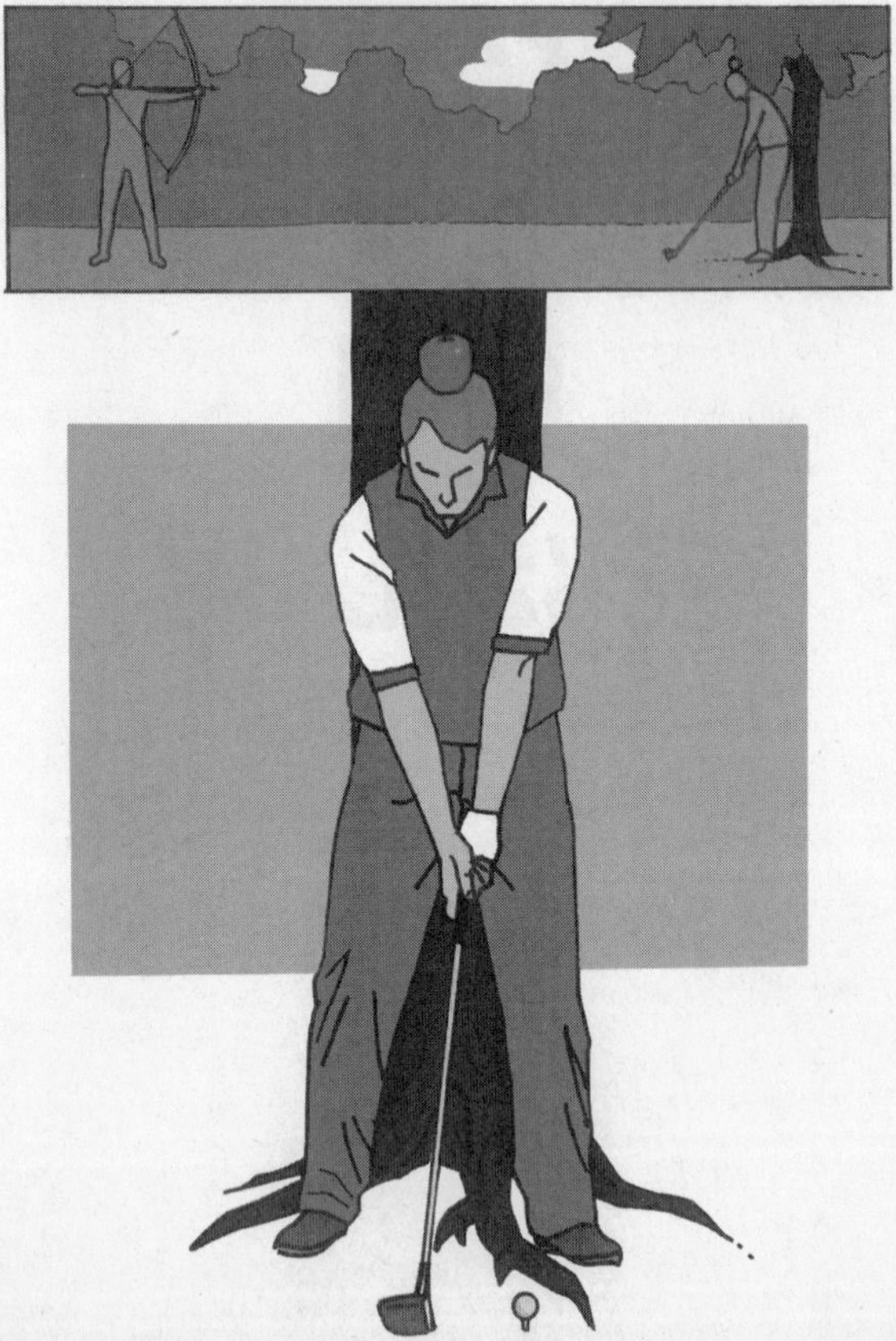

スイングでは軸、つまり柱となる部分が必要だが、軸を設定することはそれほど困難なことではない。例えば背骨であれば、アドレスでそこに意識を集中すればよい。むしろ一番難しくてかつ最大のポイントになるのはその軸をいかに安定させるか、ということだ。

自動車でも自転車でもそうだが、軸、つまり中心が緩んでしまっているタイヤはガタガタと左右にブレる不安定な運動（回転）を繰り返す。同じようにゴルファーのスイングも、軸がしっかりしていなければバタバタと動いてしまうのである。

その動きがいかにクラブヘッドのスピードと関係しているかは、例えばロープに結ばれたボールが棒の先端についていることを考えてみるといい。棒を中心としてボールをグルッと回してみると大きな遠心力がつくが、もしも棒がボールと一緒に動いてしまったら力は随分とそがれてしまう。

この安定した感じを得るために用意したのがイラストのようなイメージ作戦だ。アドレスしているあなたの頭上には1つのリンゴがある。そして正面にはウィリアム・テルよろしく、1人の男がリンゴを射落とすべく弓を構えている。軸がぶれてリンゴが落ちるような動きを示せば、あなたは危険にさらされる。

また、具体的な方法としては友達などと練習場に行ったときに、スイングする自分の正面に立ってもらう（スイングの邪魔にならぬ位置）。そして頭の両脇10㎝ほどのポジションにクラブシャフトを差し出してもらって何回かボールを打ってみる。頭からシャフトまでの距離は何回か打って調節してみるとよい。こうすることにより、頭が動かずに軸を安定させることができるのだ。

飛ばし編 21

スエーを防ぐ最もよい方法は、ドラム缶の中でスイングすること?!

スイングをするときにスエーしがちな人は多い。それを直すために練習場で必死に体を回転させようとするが、ボールを目の前にするとどうも上手くいかない。それは体を回転させるための運動自体はできているのだが、スイングをする段になるとその応用編、つまりイメージができていないためだ。

そこで提案。せっかくきちんとできている回転をムダにしないために、自分の中にわかりやすいイメージを植え付けてはどうだろうか。

例えばイラストのようにドラム缶の中に入ってスイングをしているつもりになる。ドラム缶の中でスイングすると、スエーすれば自然と腰が缶の縁に当たり、まともなスイングなどできない。つまり体を回転させるしかないというわけだ。何となくキワモノ的な臭いが漂う感じもするが、イメージの中では白黒ハッキリつくもののほうがわかりやすい。身長があまりない人はドラム缶では深すぎるかもしれないので、ビア樽などのイメージでもよいだろう。とにかく腰の左右の動きだけをロックして、回る運動オンリーにするのがこのイメージトレーニングの目的なのだ。

この要領で自分なりに工夫していけば、無味乾燥にひたすらボールを打つといった練習に終始することなく上達に近づいていける。だからアメリカなどではこういった方法をスイングアクションの様々な部分に応用しているのが見受けられる。バックスイングの始動を野球のバッターにたとえるのも一例。それはちょうどキャッチャーのミットにクラブヘッドを入れるという感覚でクラブを引くというもの。なかなかユニークでしかもわかりやすい方法ではないか。

飛ばし編 22

左足のかかとで木の実を割る。これで飛距離は大アップ

ボールを遠くへ飛ばしたい。というのはスイングをする上で最大の目標であり、特にドライバーの場合は七割方このことに心血を注ぐことになる。遠くへ飛ばすことを実現するためにいろいろな素材を駆使したクラブが開発されているし、ティを高くするといった工夫にも余念がない。

そこで飛ばし屋といわれているプロのスイングを観察してみる。例えば石川遼。バックスイングで十分に体が回転し、体重が右足にかかると同時に左足のかかとが上がっている。そしてダウンスイングではかかとが上がった左足の方向に体重が戻ってくる。インパクトでは右足のつま先の押しにより左足の外側が突っ張るくらいに伸びる。

このスイングの中で距離を大きく左右する鍵になっているものの1つが左足のかかとである。フォローでは左足かかとから軸が出ているかのように地面を強く踏み込んでいる。実はこの踏み込みが飛距離が出るとされるレイトヒッティングとクラブヘッドのスピードをアップさせるためのポイントになっているのである。

「遠くへ飛ばしたいなら、ダウンスイングで木の実を割るくらい強く左足かかとを下ろせ」

この感覚を生かせばおのずと体重移動が行われ、パワフルなスイングができるのである。

だが逆に言えば、この左足かかとの踏み込みは体の回転が正しくできてこそ初めて表れる。手打ち気味になる人や体が回り切っていないゴルファーは重心が左足つま先にかかって、インパクト後に前のめる形になる。と同時に右足もつま先立ちになり、体が前に突っ込みバランスを崩す。正しいスイングができているか否かのバロメーターが左足かかとであるとも言えるのだ。

飛ばし編 23

「インパクトでターフを取れ！」がアイアンショットの極意

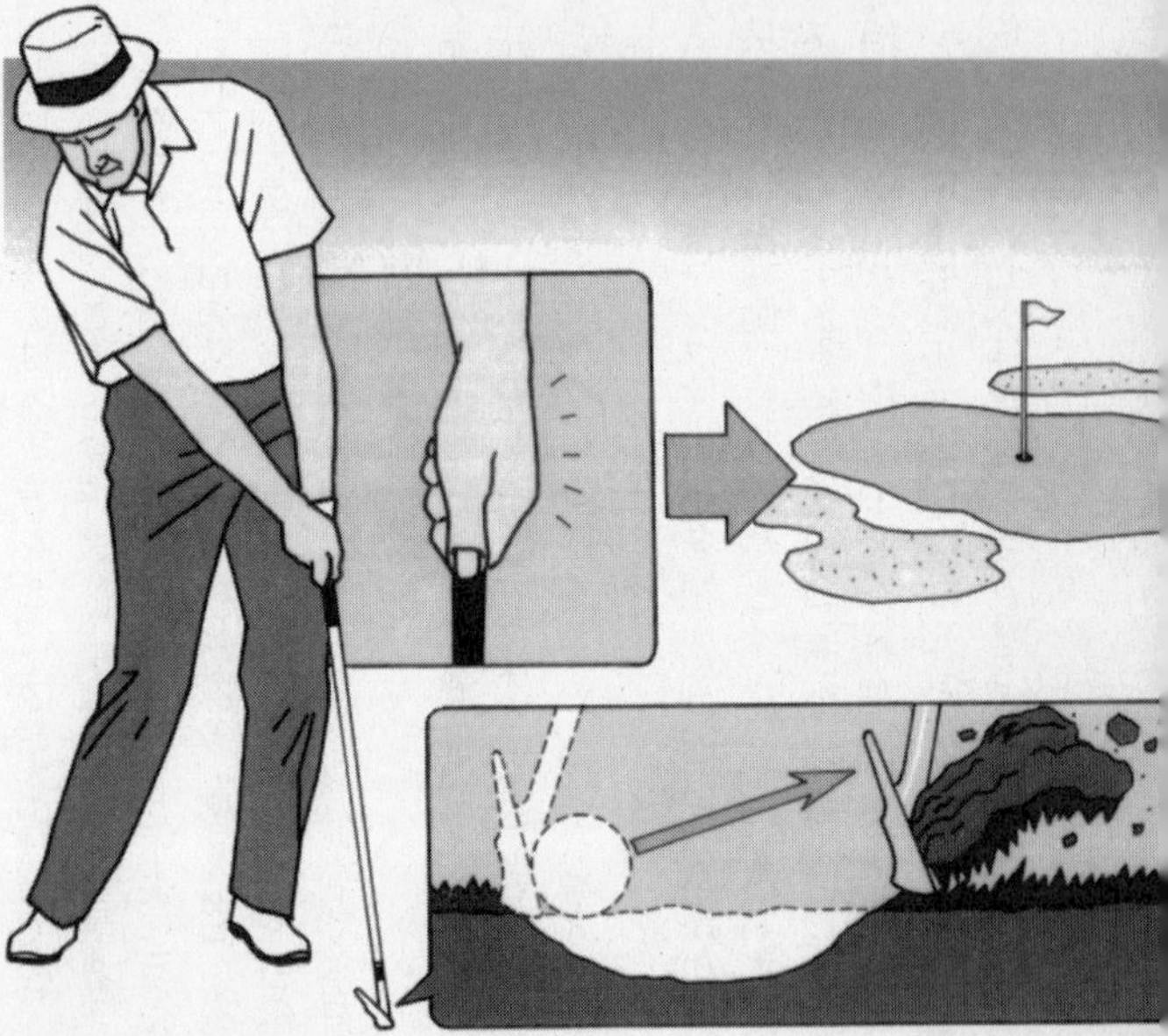

上級者のショットを見ると、アイアンがすこぶる上手いということが見て取れる。しっかりとボールに当たってスピンが効き、グリーンにピタッと止まる。どうしてそんな素晴らしいアイアンショットが打てるかといえば、しっかりとダウンブローのスイングでターフを取っているからだ。

全英オープンやマスターズにも勝っている英国のサンディ・ライルはとにかくアイアンショットの切れが抜群。ロングアイアンでもしっかりとスピンが効いた高い球でピンをデッドに攻めていける。鋭角的なスイングで地球に穴が空くのではないかというくらいしっかりと打ち込んでいくのだ。

では、なぜそんなに上手くダウンブローショットが打てるのだろう。ライルは語っている。

「ボールを打つとき、左手の甲がリードしていって、インパクトの瞬間にターゲットの方向を向くようにする。また頭の位置はスイングの間、ずっとボールの後ろ側にある。頭がボールより先に出てしまうと、インパクトで両肩がターゲットの左に向いてしまい、ボールも左へ飛んでしまう。だからこそ、インパクトはアドレスと同じ姿勢になるように心がける必要があるんだ」

もう1つ、ライルが言いたいポイントは、ボールを打つときに左手の親指をしっかりと押さえつけること。このことによって、クラブヘッドを地面にぶつけていくことができる。そうすれば自然とダウンブローになり、クラブヘッドが下りてくる間にボールを打てるようになる。大事なのはボールを打ったあとでターフを取るということだ。

こうなれば無理に打ち込むスイングが必要なわけでは決してなく、簡単にバックスピンの効いたボール、方向性もよいショットが得られるというわけだ。

飛ばし編 24

ゾーン打法をわかりやすく会得する「左手の板で打つ」原理

「インパクトは点でなくゾーンだ」

これはジャンボ尾崎が黄金時代にいつも口にしていた言葉だ。インパクトの時に、可能な限りクラブフェースを飛球線に対して真っ直ぐに走らすようにするために、ジャンボはそう言うのである。

しかし、これがまた難しい。なぜって、スイングは円運動。そして、小さなゴルフボールを、長いシャフトの先についたクラブヘッドで打つのである。当然、インパクトは線ではなく、点になってしまう。それを「ゾーンにせよ!」とまでするのにはどう考えても無理がある。そうそう簡単には上手くいくわけがない。

しかし、もちろんジャンボ尾崎からすれば、それは可能なのである。

「アドレスで、インパクトの型を作ってしまうんだ。そして、左手を大きな板だと思って、ズズズッと振ってみる。こうすれば、ゾーンの感覚がわかりやすいと思う」

なるほど、そう言われてみるとインパクトのゾーンがイメージしやすくなる。

つまり、体よりウンと離れたクラブヘッドをアレコレするのではなく、体とクラブの接点であるグリップで考えるわけだ。左手の甲を長く真っ直ぐに押してやるわけだ。しかし、これは、ジャンボのグリップである、左手の甲とクラブフェースが同じ向きであるという、スクエアグリップが必要最低条件だ。

「左手の板で打つ」。これがジャンボ尾崎を世界のゴルフ殿堂入りをさせた、飛んで曲がらない究極のゾーン打法だ。

飛ばし編 25

膝の移動が教えてくれる、正しいスイング診断術

スイング軸の大切さもさることながら、下半身、つまり足の動かし方もスイングアクションの上では非常に重要なファクターの1つだ。一連の動きの中で足がギクシャクすることのないスムーズな流れは、グッドショットの〝力水〟になる。

その足の動かし方の1つの指標としてこんなものがある。キーワードは、「膝の間の隙間をできるだけ少なくする」というものだ。

バックスイングでは右のヒップが回転することによって右足が真っ直ぐになるように動く。その際に左足の膝と足は右足が動いてなくなったところ、つまり右足が一瞬前まであったポジションに寄ってくる。ボールではなく右膝があったところに寄っていくのである。そしてフォローに目を移すとその反対のことが起こる。左のヒップが通過することにより、左足が真っ直ぐになってくる。そして右の膝と足が左足のあったところに入ってくる。飛ばし屋といわれる人のフィニッシュで両足のモモがくっつくような状態になることがそのことを如実に物語っている。

この動きをつかむための方法であるが、ここではまずクラブを2本持ってくる。そして1本ずつを横に倒してイラストのようにグリップの部分を足の上に乗せてみる。そしてスイングするときに、シャフトが足からズレないように、常にシャフトの下に足があるように心がけるのである。

これにより膝がスムーズに近寄ってくるようになるというわけだ。同時にその回転の効果は上半身の回転と相乗、呼応して、ターンによる大きなエネルギーを得られるようになる。そのエネルギーは飛距離にプラスして球足にも変化をもたらすことになるはずだ。

飛ばし編 26

インパクトで頭を寝かせない。アゴをボールに向けてスイング

筋骨隆々で腕っ節が太く、ボールが可愛そうというぐらいひっぱたいているように見える飛ばし屋でも、方向性も抜群という二律背反を実現しているプロがいる。USツアーの大物ルーキー、ロバート・ガメスもそんな1人だった。彼は生意気さでも有名だった。

「ボブ」と気安く呼んだ記者に「ロバート」と呼んでくれと言ったり、「優勝を狙っているのか」と記者に聞かれて「最下位でも狙えというのか」と切り返したり。そんな彼は飛ばして真っ直ぐ打てる男だった。

「僕にはボールを運ぶなんて意識はないね。ぶっ叩くのみ。でも、ボールをギュッと凝視していればスイングはぶれることがない。だから狙い通りに飛んでいってくれる」

さらにボールを見るというポイントで次のように言っていた。

「頭は、インパクトまでボールの右に残すようにしている。しかもそれだけでなく、頭が傾かないようにも気をつけている。ボールをよく見て動かないようにしようとすると、頭が寝る選手も多い。そうなると右肩がどうしても突っ込みやすくなるんだ。だから、アドレスでボールをアゴに向けたら、そのアゴをボールに向けたままスイングを行うこと。フォローで右肩がアゴの下に入ってくるまでじっと我慢してアゴを下に向けておくのだ」

確かにゴメスの言う通りだろう。石川遼は10代の頃にはインパクトで頭が寝ていた。それによってボールも曲がったし、勢いも削がれていたのである。今は真っ直ぐにアゴが下を向いている。だから300ヤードビッグドライブを達成できているのだ。

飛ばし編 27

“揺さぶり”打法でヘッドスピードをアップする

飛距離を左右する要因に、クラブヘッドのスピードがある。

このヘッドスピードは、どれだけスムーズなスイングができるかによって大きな違いが出てくることはゴルファーなら誰でも体で感じていることだろう。

一般にスムーズなスイングには、下半身の使い方（ウェイトシフト）と腰の回転が必要だ。このウェイトシフトについて、全英オープンやマスターズのチャンピオンとなったサンディ・ライルが次のように言っている。

「バックスイングでは右足、ダウンスイングでは左足というような体重移動は意識していない。それよりもスイングで体を右に捻れば右足に、戻せば左足にというように自然に任せている。つまり上体の〝揺さぶり〟によるウェイトシフトを行っているんだ」

〝揺さぶり〟と言うと、悪いスイングと言われるスエーを思い浮かべてしまうが、実際、ライルはヒールアップが小さい分、上体を左右に振っている。これで、トップでは右、ダウンスイングでは左へ体重が移っていくわけだ。

ただし、ライルの場合、下半身はしっかりと固定していて、スイング中に膝の位置が動くことはない。また、頭も動かない。そうした動かない部分をしっかり作って、上半身を〝揺さぶる〟わけだ。よって、スエーのように見えるライルの打法もしっかりとジャストミートできる。もちろん腰の回転もしっかりと行っている。

だからこそ、ヘッドスピードが凄くアップするというわけなのだ。

飛ばし編 28

両膝を気にして、新しいピボットターンを生み出す

スイングは回転運動、すなわちボディターンによって成り立つアクションである。ターンと言うからには、その中心となる軸がなければならない。それがピボットと呼ばれるものだ。一般的にスイングのピボットとは背骨を中心とした回転軸。その軸を中心にして腰や両肩を回転させる。このピボットがしっかりしていれば、両膝を主体とした下半身は自然と上半身に協調するはずである。

だが、そうは言ってもなかなか上半身と下半身の動きがグッドコンビネーションを成すことは難しい。上体の軸はしっかりし、ピボットを中心としたターンは完璧なのに、なぜか下半身が流れてしまう、といった症状が出てしまうことがアマチュアやビギナーにはよくあるのだ。

そこでそうなるのを防ぐためのガイドラインとなるのが、下半身独自のピボットを設定することだ。だが下半身はイコール両足ということであるから真ん中の線を軸にするのは困難。そこでウェイトシフトを上手く利用して両方の膝にピボットを設定するのだ。

具体的に言うと、まずテークバックからトップに至る過程では右足に体重が乗る。そのとき体は右後方にターンしているわけであるが、そのときのピボットを体重が乗っていく右足の膝に設定するのだ。そして、トップからダウンスイングに至る、ウェイトシフトが右足から左足に移っていくプロセスでは、今度は左足の膝を通る線を仮想してそこをピボットターンの中心軸にする。インパクトの後もこのピボットをキープしたままフィニッシュまで一気にもっていくのである。

もちろん、このときも頭を動かさないようにする心配りを忘れてはいけない。要するに背骨をピボットの第一軸に、両足の膝を第二軸にという2つのピボットでターンするのである。

飛ばし編 29

ボディターンは「不動の右膝」を作ること

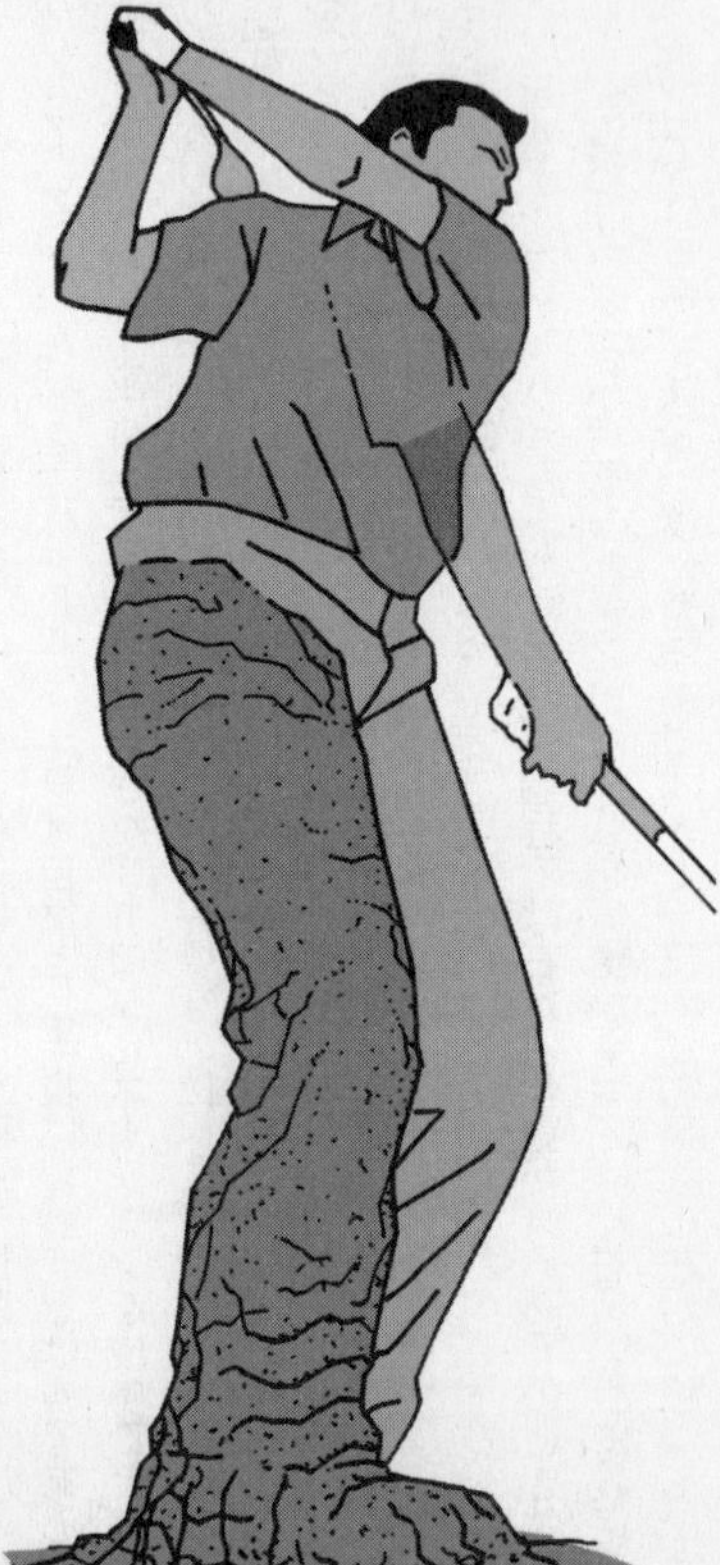

体の回転でしっかりとボールを打つ。いわゆるボディターンスイングだが、それは「不動の右膝」を作ることで始まると、ジャンボ尾崎こと、尾崎将司は研修生に口酸っぱくなるほど教え聞かせている。

「バックスイングで右膝が一緒に右に動くのは体を回しているとは言わない。横にずれていると言うんだ。だから絶対に右膝が動かないようにバックスイングすること。それには右膝に体重をかけるようにすればいい。そうすると、右足の内ももの筋肉が張ってくるだろう。その感じを意識してバックスイングするんだ」

確かに右膝が動かないようになるとジャストミートできるようになる。しかし、アマチュアにはとても難しい。止めているつもりでも右膝が動いてしまうからだ。そこでやってみて欲しいのが、トップの右膝をアドレスで事前に作ってしまうことだ。

つまり、いきなりトップを作って、右膝を固めてしまう。その右膝のまま、クラブを下ろしてアドレスする。アドレスしたら、右膝の位置はそのままに、ゆっくりとバックスイングしてトップを作ればいいのだ。そうすれば右膝を意識せずともスイングができるようになる。なので、これだけの練習を繰り返して行い、「不動の右膝」を体に覚え込ませてしまうのだ。

つまりは「一歩先行く右膝」である。この右膝で、最初はウェッジやショートアイアンでボールを打ってみる。右膝が固定されていても打てるので、逆にコントロールショットがすこぶるよくなる。そして、それができるようになったら、長いクラブで打ってみるようにすればよいのだ。

飛ばし編 30

「フォローで飛ばせ！」、フォロースルーは長く大きくとる

我々アマチュアはボールに上手く当てようと思うので、どうしてもバックスイングとダウンスイングの軌道に意識が大きく働く。しかもインパクトで強くヒットしなければ飛ばないと思ってしまうから、ダウンスイングを速く下ろすことばかりにこだわってしまう。つまり、打つまでのことが頭を占めるというわけだ。

しかし、プロや上級者はバックスイングとダウンスイングよりも、インパクトからフォローにかけてに意識が働いている。極端に言えば、バックスイングもトップもダウンスイングもどうでもいい。しかもインパクトもどうでもいい。フォローが長く大きくとれればそれでいいという考え方を持っている。

フォロースルーがターゲットに向かって一直線に大きく伸びれば方向性がよくなるし、ボールもよく飛ぶというわけなのだ。要するに「フォローで飛ばせ」ということである。スイング中に頭を動かさず、インパクトではヘッド・ビハインド・ザ・ボールになって、左サイドに壁を作り、体を回転させるとともに、体重を左足の外側に乗せて、右肩をグーンと伸ばしていくわけだ。こうしてフォローで最もヘッドスピードが出るようにスイングするわけだ。

「フォローで飛ばす」と思えば、バックスイングで緊張することもないし、トップをどこに上げたらいいかということも考える必要もない。ボールに強くヒットする必要もなく、打ってから速く振るぐらいの意識で構わないからゆったりスイングできる。ミスショットの原因となる打ち急ぎを防ぐこともできるというわけなのだ。まさにいいこと尽くめなのである。

飛ばし編 31

水の入ったバケツがスライスやフックを撲滅する

アマチュアはどうしてもボールを真っ直ぐに飛ばすことばかり考えがちで、自分の個性、つまり持ち球を無視しがちである。だが、プロの中には「真っ直ぐ飛ばすなんて難しい。だから自分の持ち球を把握してその球筋を生かして目標に運ぶほうがいい」と言う人もいる。

だからと言って持ち球はスライスやフックでいいということではない。できればスライスはフェードに、フックはドローにして、それを持ち球にしたい。それを達成するには処方箋が必要となる。

まずスライスが出やすい人は、ドロー系のボールが生まれる打ち方をしてみる。一番上のイラストのように水の入ったバケツを持ってフォローで左にこぼすようにする。逆にフックが出やすい人はフェード系の打ち方、イラスト中央のようにフォローで右側に水をこぼすように振り抜いてみるのだ。もちろん、このバケツと水で言えば、ストレートボールはイラストの下のように目標方向に水がこぼれるようにすればよいわけだが、実際には我々アマチュアレベルでは右にも左にも飛んで行きかねない。なので、フェードかドローのどちらかを持ち球にできるようにすることが大切なのだ。そうすればコースを上手く攻略することができる。

もちろん、フェードとドローのどちらも打てるようにして、自在にコースを攻めたいというワンランクアップを目指したいゴルファーもいることだろう。そんなミドルハンディキャッパーはこのバケツと水の方法でフェード、ドローを手中にする手がかりがつかめるだろう。実際にバケツを振ってもいいし、イメージの中でバケツを振ってもいい。水を自分の好きな方向にこぼすイメージを持つことだ。

THE SET UP
MANAGEMENT

PART 3

アドレス編

アドレス編 32

固過ぎず柔らか過ぎず。ソフトなタッチがグリップのコツ

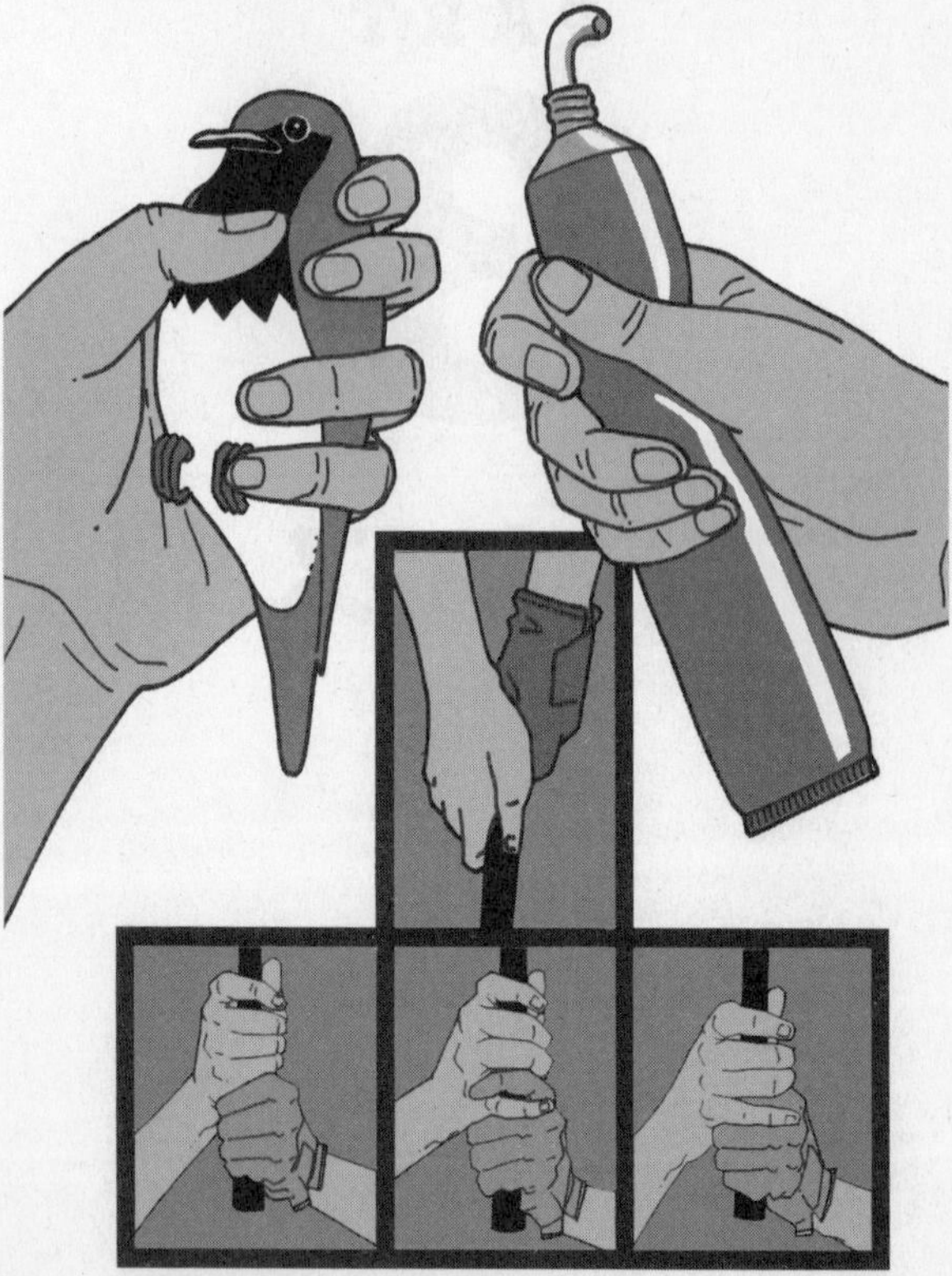

「グリップを見ればそのゴルファーの腕前がわかる」と言われるぐらいグリップの形は大切なもの。しかしグリップでは、形もさることながら握りの強さも大きな問題となる。握りが強過ぎれば肩に力が入り、スイングがぎこちなくなる可能性があるし、逆に緩過ぎては思うように力が入らない。その微妙な具合が意外に重要な鍵を握っているのである。だがその感覚を言葉で説明するのはなかなか難しい。そこで過去、そして現在の名プレーヤーのたとえを引用してみよう。

「私のグリップは手の平の中で小鳥を握るようにする。それもその小鳥を逃がさないように強く、しかし握りつぶさない程度に柔らかく」と言ったのはサム・スニード。マスターズ3回制覇の大先輩である。彼はこの引用を使ってソフトにクラブを握ることを僕らに教えてくれている。

だが、日常生活で小鳥を握れるようなシチュエーションはそれほどあるとは思えない。そこでもう1つの引用をあげてみたい。それは女子のトッププロ、ナンシー・ロペスが言った言葉。

「言ってみれば歯磨きチューブを握る強さ。強く握らなければ中身は出てこない。でも、強く握り過ぎると必要以上にピューッと中身が出てきてしまう。これが私のグリップの力加減ね」

このたとえであればほとんどの人が試してみることができる。1人1人の力加減の仕方もわかりやすいだろう。

いずれにしろ強過ぎず、弱過ぎずという感じの具合でグリップするのが最良ということだ。もちろんこの強さは右手でも左手でも基本的には同じ。この強さを基準に右手で打つ人は右手の、左で打つ人は左手の強さをアジャストしてみれば、自分に合ったグリップをいち早くつかめるだろう。

アドレス編 33

つま先フレックスで、正しいウェイトポイントをつかむ

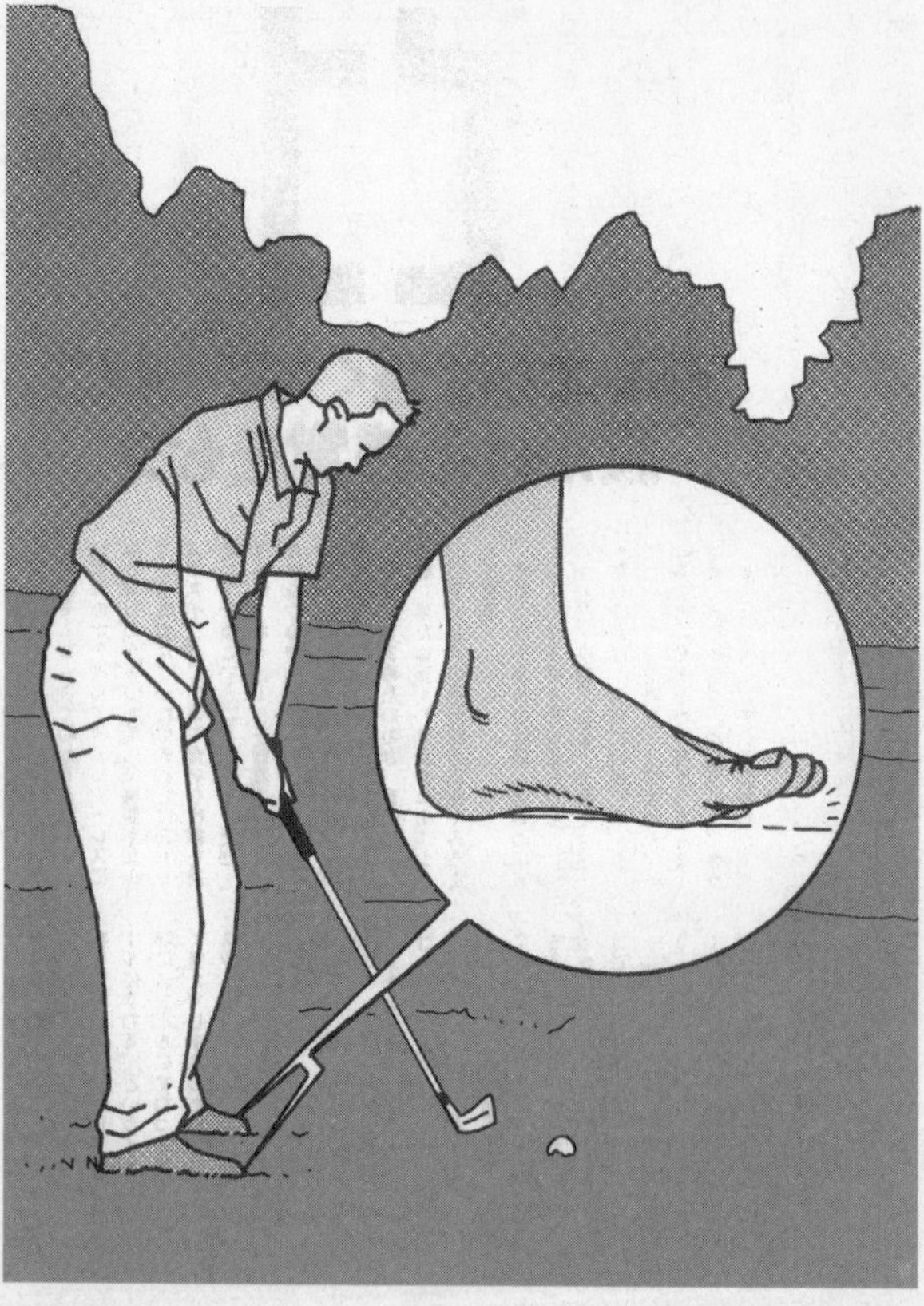

アドレスでの体重のかけ具合は左右均等に50%ずつ（ドライバーの場合）というのが最も一般的である。また、体重を乗せる場所は左右両足の中央、土踏まずのところというのが理想とされる。

だが土踏まずというのは読んで字の如く、足の裏の部分でも地面についていないところだ。この部分に体重を乗せるというのは何となくわかったようでわからない話である。アドレス時には土踏まずに体重をかけているつもりでも、フィニッシュで体が前のめりになるのは結果的にそれができていなかったことを物語っている。また、同じようにフィニッシュで後方にヨロついてしまったり、右足に体が傾いてしまうのも、この体重移動が不自然で正しく行われていないからだ。フォームは素晴らしいのにボールが飛ばないという人はここに問題がある。

そこで正しい位置に体重を乗せるためのコツを教えよう。それはアドレス時に足の指を地面から離し、少しだけ上に曲げるようにしてみることだ。そうすれば体重がつま先にかかることが防げる。しかし、あまり指のつけ根のほうまで指を反らしてしまうと今度は体重がかかとのほうに乗ってしまうことになるので注意しなければならない。つま先は上を向いていても体重は何となく両足の前の部分に残っている。このような感覚が得られれば体重のかけ方はOKというわけだ。そしてつま先は打つ時点には元に戻す。あくまでアドレス時のチェック事項という考え方でやるといい。

ここで1つだけ注意したいのは、つま先を上げた分、他の場所に力が入らないようにすること。例えばつま先、つま先と集中するあまり、肩とか両腕とか、とんでもない場所に力が入ってしまうことだ。他の部分をリラックスさせた上で体重のチェックをする。そんな気持ちが必要である。

アドレス編 34

アドレスでは、浅くスツールに腰をかける感覚を持つ

ゴルフの入門書や技術書を読んだことのある人ならわかると思うが、いずれの本を読んでみてもアドレスにはかなりのページを使って解説を試みている。いわばそれだけアドレスがスイングにおいて重要な役割を果たしていることになる。だが、アドレスイメージを言葉で表現するのはなかなか難しい。まして身長の高い人、低い人と体格によってその形もまちまちであれば尚さらである。

そこで勧めたいのが、日常生活での体験、または出くわすシチュエーションにアドレスの形をはめ込んでみることである。

その1は下半身の状態。基本的にアドレスでは下半身を安定させるというのが大きな役割になる。それには両膝を軽く曲げ、同時に内側に締めるようなスタイルを作り、上半身は前傾させる。その感じを浮かべてみると丁度、高めのスツール（腰かけ）に腰かけるような形に似ているのがわかる。だが、この形は完全に足を浮かせてお尻を乗せている状態ではない。むしろ寄りかかるような感じでごく浅くスツールに座る、というイメージだ。実際にスツールに座ってその形を体で覚えてしまうのもいいだろう。もしスツールがなければ壁に軽く寄りかかるような形を作り、自分が一番しっくりくると思われる尻の位置に印をつけておいてもいいかもしれない。

アドレスに限ったことではないが、ゴルフでは身近なところで自分の体にその形を覚えさせる方法を見つけることが上達への近道となる。この方法に限らず、自分自身でいろいろな方法を編み出せばそれ自体が秘密兵器になるかもしれない。とっかかりはこの〝アドレス養成マシン〟のスツールで感覚をつかんでみるといいだろう。ただスツールに座ってしまわないように注意して欲しい。

アドレス編 35

グリップと同じくらい大切な“グリップ・オブ・ザ・グラウンド”

「ゴルフではグリップが重要なファクターの1つである」というのはよく言われることであるが、それは大方が〝手の握り〟を差している。これはもちろん大切なことであり、よいスイングと正確な方向性などを手に入れるためには欠かせないものだ。だが、それ以外にもう1つとても大切なグリップがあることを名プレーヤー、ウォルター・ヘーゲンは説いている。

それは、「グリップは手だけのものではない。スタンスでの両足の〝グリップ・オブ・ザ・グラウンド〟は手のグリップに優るとも劣らぬくらい大切だ」というものだ。

この〝グリップ・オブ・ザ・グラウンド〟を字面通り訳せば、〝地面をつかむ〟ということになる。言い換えれば、足でしっかり地面をつかんでいるかのようにきちっと決まったスタンスをしなければならないということだ。しかし、実際にはスパイクを履いているわけだから、手で何かをつかむように足で地面をつかむわけにはいかない。だから自分に合ったスタンスの幅をいつも守り、地面から木が生えているかの如く立て、ということになる。

このことを上手く伝えているエピソードに、かのサム・スニードが裸足でゴルフをしていたというのがある。裸足が快適だったし、靴を履いているときより地面に足が密着している感覚がつかめるというのだ。裸足だとつま先でしっかり地面をグリップすることができるとも言っていた。

きっと彼は〝グリップ・オブ・ザ・グラウンド〟を文字通り実行して、そのゴルフを確かなものにしてきたのだろう。機会があったら僕らも一度コースでスパイクを脱ぎ捨ててみよう。案外いい結果が出てやみつきになるかも?!

アドレス編 36

レールの上で、アドレスすれば スクエアも楽に完成

アドレスではチェックしなければならないことがたくさんある。ボールの位置然り、スタンスの広さ然りである。しかし何と言っても大切なのは、目標に向かってスクエアになっているかをチェックすることだ。クラブフェース、両脚を結ぶライン、両肩を結ぶライン、左手の甲などが目標にスクエアになっていることを確認するのである。だが、コースでは練習場のように白いラインの入ったマットがあるわけではない。ましてフェアウェイからのショットでは自分の感覚だけしか頼りにするものがない。ということがほとんどだ。

そんなときどうすればいいか。具体的にクラブを足下に置いたりするわけにもいかない。やはり自分の頭の中にわかりやすいイメージを描いておき、そのイメージを自分が立たされた状況に当てはめてみる、というのが手っ取り早い方法だ。

イラストを見ていただければ一目瞭然だが、これも1つの効果的な方法だ。まずコース上に鉄道のレールを敷く。もちろん前方のレール上にはグリーンがあり、ピンが立っている。

そして右利きならば左のレールに、左利きならば右のレールにスタンスを決める。レールの上に土踏まずを合わせてもいいし、かかとを合わせてもいいだろう。残ったレールの上にはボールがある。体格の違いがあるから、このレールの幅は人により広くなったり狭くなったりする。

こういったイメージを持てれば、どんな角度からでも目標にスクエアに立つことができるだろう。これは線路でなくてもよいわけで、100m競走のセパレートコースのラインでもいいし、木の廊下の合わせ目のラインを基準にしてもいい。自分なりにスクエアをイメージできればいいのだ。

アドレス編 37

かかとを一直線上に合わせて、ターゲットに正対する

スタンスで大切なのはまずその幅。〝このくらいの幅で〟という規定はないが、体が動きやすく、スイング中にバランスを崩さないという2つの点だけは最低でも満たさなくてはならない。

そしてもう1つ大事なのは飛球線に対して平行に立つことである。これをしっかりしておかないと、いくらいい当たりをしても〝あさっての方向〟に飛んでいくことになりかねない。というのも地面から生えたようなしっかりしたスタンスは、スイングの回転運動の土台になる存在。その土台の向きが正しくなければ、当然狙っている方向には飛ばないというわけだからである。

そこでどうしたら正しく飛球線と平行に立てるようになるかだが、ほとんどのゴルファーは左足（左利きは右足）をやや開き気味にしてスタンスをとっているはずだ。するとどうしてもつま先の位置に多少のズレが出てきてしまう。実際スタンスをした状態で両脚の先端を結ぶ線を引いてみると人により差はあるものの、飛球線に完全に平行ではない直線が生まれるはずだ。このほんの少しの差が実は結構大きい問題であることが多い。

そこでスタンスで飛球線に平行に立つためのよりどころとなるのが、かかとである。左右両脚のかかとの位置を飛球線と平行を成す一直線上に置くのである。練習場などではクラブを飛球線（例えばマットの上の白線）に平行に置き、そこに両足のかかとを合わせてスイングしてみるのも1つの方法だろう。最初は面倒かもしれないが、1回1回チェックしながら丹念にスイングしていけば効果が出てくるはずだ。かかとはつま先と違って自分からは見えにくいところ。それ故疎かにしてしまいがちなのであるが、常に後ろをチェックすることで体の回転も身についてくるだろう。

アドレス編 38

目標はボールの飛球線の最高点。これで鳥も落とせる?!

アドレスでは目標に向かって正確に立つ、つまりスクエアを保つということが重要になる。そしてそのために多くのプレイヤーが苦心して自分なりの方法を考えているのだが、ここではワンランク上の目標設定法を見てみよう。

その方法とは「自分の飛ばすボールの飛球線最高点を目標に設定する」というものだ。これはシルバー・シャークことグレッグ・ノーマンも取り入れている。この方法の利点は、目標となりそうなものが何もないコースでも狙いを定めやすいこと。どんなショットにも対応できることだ。

その反面難しいこともある。それは各番手で打ったときの自分の球筋、ボールの飛び方をしっかりと頭の中にインプットしなければならないのである。つまりここではボールが放物線を描いて飛んでいく人と、打ち出しは低いが徐々に高度が上がってボールが失速状態になってポトリと落ちる人では、当然目標となる位置が大きく違ってくるからである。だが逆に考えてみれば、自分の球筋も明確に意識することができるわけで、手中にすればとても力強い味方になる方法である。もちろん、それに伴って自分の飛球線をはっきりイメージできるためのトレーニングも必要だ。

何もないところにターゲットをイメージするわけであるから、確かに雲をつかむような話かもしれないが、悲観的な考えは禁物。練習すればするだけ上手くなるのだから、ちょっと背伸びした方法を取り入れたって決して無駄ではないはずだ。空中にプカリと浮かぶダーツ。そのダーツの的の真ん中をボールで射貫くような感じの当たりを打てれば大成功。真ん中を狙って思い切りひっぱたき、ピンをデッドに攻めよう。

アドレス編 39

目標側の足のつま先を、45度に開いて楽々ターン

スイングは体を中心軸にした回転運動である。そのことを考えればアドレスでのスタンスの位置、そしてスタンスの際のつま先の開き方が、回転運動がスムーズに行えるか否かの鍵を握っていることは明白である。試しに次の4つのスタンスをとっていただきたい。

1つは右足を飛球線と直角に合わせ、左のつま先を開いたもの。2つめは、両足のつま先を適度に開いたスタンス。3つめは左足を飛球線と直角にセットし、右足のつま先を開いたもの。そして最後の4つめは、両方のつま先を内側に向けた内股スタイルのスタンスだ。

この4つの方法で一番体が回転しやすく、スイングがしやすいのはどのスタイルだろうか。おそらくほとんどの人が1つめ（右利きの人）であるはずだ。体の回転のしにくい人には2つめのスタンスはいいかもしれないが、両足を内側に向けたスタンスに至っては、体の捻りが制限されて、伸び伸びとしたスイングの邪魔にさえなることがわかるはずだ。

ここでもう一歩踏み込んでこの体が回転しやすいスタンスのつま先の開き加減も考えてみよう。つま先の開き角度を狭いものから広いものへと徐々に移動していき、どの角度が一番回りやすいかを試してみるのだ。するとあまりにつま先の角度が狭いスタンスは、バックスイングはスムーズであるが、フォローがしにくいということが、また、つま先を大きく開いたスタンスは、バックスイングがしづらくフォローがしやすいということに気づくはずだ。そのようにトライしてみると、自然にバックスイングとフォローが同じような感じで無理なく捻れる位置がわかる。そのとき、目標側の足のつま先はターゲットラインに対して45度の角度になっているはずだ。

アドレス編 40

ターゲットの後方に、大きなターゲットを探せ

グリーンが見えるところでは、とりあえずそこに立つピンが目標になる。特にアマチュアは1打でも節約してグリーンに乗せたいという思いが強いから、常にピンが目標になってしまうのだ。しかし、打った結果は目標とはかけ離れたところにボールが飛んだり、グリーンにさえ乗らなかったり。極めつけはグリーン周りの罠であるバンカーや池、深いラフにつかまるといった最悪のパターンにもなってしまうのだ。

これを阻止するにはどうするか？　どうしたらピンに、いやグリーンに向かって飛んでいくのか？　その防止策を教えよう。それは目標を遠くに見つけることだ。至近距離からのアプローチは別だが、ショートホールやフェアウェイからミドルアイアンでグリーンを攻めるときはグリーンの後方に何か別の目標を設定するのが意外に効果的だ。大きな木でもいいし、送電線を結ぶ鉄塔でもOK。とにかく大きめの目立つ物体に照準を合わせるようにすることだ。

この方法の利点は、目標がはっきり見えることだけでなく、遠くを見据えれば〝灯台もと暗し〟の法則？　で近くにあるものが目に入らない。つまり、グリーン周りのバンカーなど、落とし穴が比較的気になりにくくなる。さらに遠くを見つめているから、おのずと空が視野の中に入ってくる。その大きな空間に向かってボールが打てるから、大きく伸び伸びと振ることができるのだ。

だが1つ気をつけなくてはならないのは、目標物に届かせようと勘違いして強振しないようにすること。まあそんな人はいないと思うけれど念のため。あくまで距離はこれとは別に合わせておくように。

アドレス編 41

“こんなところでもアドレスしてる”というお話

アドレスの形のポイントの1つはリラクゼーションの仕方。しかし、リラックスした状態を形で表すのはわかりにくい。例えば肩に力が入っていない、という形は、客観的に見ただけではよくわからないし、腕に力が入っているのはわかるが、本当にリラックスしているのかどうかということになるとプレーヤー本人でなければわからない。

そこで、いわば〝偽アドレス〟をしている名人のポーズを盗んでしまおうというわけである。

まずは夏になると毎晩のようにテレビで放送されるプロ野球。ここで注目して欲しいのは選手たちのプレーではない。アンパイアである。特に参考になるのはプレートアンパイア。つまりキャッチャーの後ろで「ストライク！」とやっているあのオジサンの形である。

彼らは、ほぼ中腰の状態で両手を膝の上に置き、キャッチャーの頭越しにピッチャーの投げたボールを見てストライクかボールかをジャッジする。その中腰の形を実際にやってみていただきたい。もちろんその形のままクラブを握ったのではあまりにも腰の位置が低過ぎるし、お尻も後ろに出過ぎている。そこで次にその姿勢からゆっくりと上体を起こしてみよう。すると、自分に合った高さ、つまりアドレスの形があるはずである。足（スタンス）も無意識に開いているため、一番楽な幅になっているはずである。

また、もう1つの方法に、普通に立った位置から真上に軽くジャンプしてみるというものもある。着地したとき、膝はショック・オブ・アブソーバーの役割を果たすからとても柔らかく自然な状態になっている。この着地のときの形を覚えておくのである。これがアドレスの形というわけだ。

THE SHORT GAMES

PART 4

アプローチ編

アプローチ編 42

「アドレスはインパクトの鏡」は、ショートゲームのキーワード

よく言われることに、「アドレスはインパクトの鏡である」というのがある。ドライバーでもアイアンでもインパクトではアドレスに戻すようにスイングするのが理想だということだ。だが、スイングでインパクトは、ほんの一瞬でしかない。果たして本当にアドレスの形に戻っているかどうかはいささか疑問だ。とりあえず結果オーライということになるのだろう。

それはさておき、ショートゲームではこの「インパクト＝アドレスの法則」がにわかに現実味を帯びてくる。フルスイングすることがないからだ。特にピッチ・エンド・ランでピンに寄せるときは、この形を意識するのとしないのではその結果に大きな違いが生まれてくる。

例えば9番アイアンで約20ヤードの距離をアプローチする場合だが、この場合はまずアドレスでロフトを多少立て、ハンドファーストに構える形をアドレスで作る。そしてグリップが自分の体のどこにあるか、クラブフェースとボールの位置関係、さらにロフトがどのくらい立っているかを正確につかんでおく。そして、ゆっくりテークバックをして、さっき作ったアドレスの位置にゆっくりとクラブを戻してやる感じでボールを打つのだ。

その際、体重を左足に乗せておくことも忘れずに。クラブとボールだけでなく体自体もインパクトの形を作っておかなくてはいけない。スタンスは番手が下がっていくに従って徐々に狭くしていく。ボールのプレースポイントも番手によって微妙に変えていくように工夫しよう。

ドライバーやアイアンとは違い、テークバックも小さくスイング自体も比較的スローテンポ。このアプローチショットこそ「アドレスはインパクトの鏡」ということが応用しやすい状況である。

アプローチ編 43

ランニングは左手の甲を目標に向け、五角形を崩さずにストローク

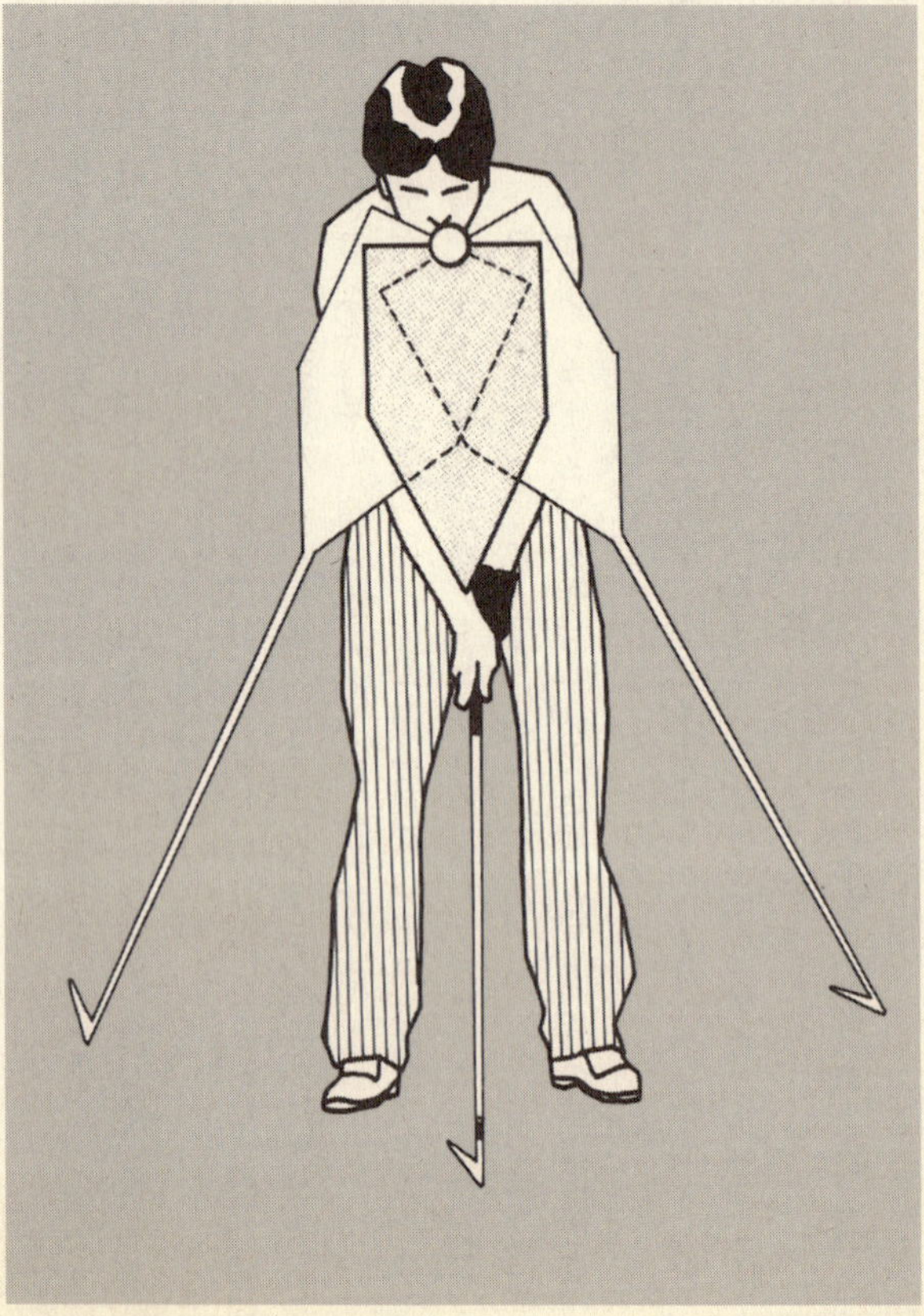

ランニングはアプローチの中でも最もやさしくミスの少ない打ち方だ。故に、まずはそれができる状況なら絶対にランニングで寄せるようにするべきだ。

ランニングで使うクラブだが、これはグリーンエッジを超えたところまでキャリーが出て、そこからカップまで転がるクラブがいい。故にボールからグリーンエッジまで近くて、エッジからカップまで遠ければロフトの少ない5番アイアンでもいいし、そうでなければ7番や8番、9番アイアンなどでもいい。もちろん、ランニングの寄せに自信が持てるクラブがあれば、それでどこからでも寄せてしまえばいい。

ランニングの打ち方はパットの要領だ。両肩と両手で作られる五角形を崩さずにストロークしてやればよいのだ。とはいってもアイアンはパターよりもシャフトが長いのだから、体が詰まらないように短く持ったりオープンに構えたりすればいい。こうして、左の手首を固定して、左手の甲を目標に対して真っ直ぐに出すこと。オープンスタンスにしていれば少し、インサイドアウトのスイングイメージとなるはずだ。

手首を使うとフェースの向きが変わって方向性が悪くなるし、距離感もつかみづらくなる。だから手首は固定して、ストロークの大きさを考えて距離感をつかむことだ。速く振ったり、インパクトで強くヒットするのはミスのもと。ゆったりとしたストロークで、その速さを変えないようにボールを打ってやる。左手の甲はアドレスしたときから目標を向けておくこと。そしてそのまま左手甲を目標に向くようにストロークすればよい。

アプローチ編 44

目標は常に狙ったところより遠くにある

我々のようなアマチュアは下手ながらもいつもカップを狙っている。特にグリーン周りのアプローチやパットになるとその症状は顕著になる。だがカップを狙ったはずのボールはほとんどの場合ショートしているという結果に終わる。カップをオーバーすることはかえって稀れなくらいだ。

なぜこんな不思議なことが起こるのだろうか？　おそらく狙ってはいるものの心のどこかにショートよりもオーバーのほうがひどいというような気持ちがあり、消極的なアプローチになってしまっているのだろう。確かにオーバーもよくない。だがずっとこの気持ちのままプレーを続けていたのでは、いつまで経ってもピンにボールを絡ませることはできないのだ。

その消極的な考えを打ち消すために上手いことを言ったプロゴルファーがいる。彼は「カップは常にプレーヤーが思うよりも遠く、アプローチなら1m、パットなら30㎝ぐらい遠くにあることを忘れてはならない」と語り、もっと大胆にカップを狙わなければ入らないということをゴルファーに伝えたのである。

もちろんこの言葉をそのまま実践しなければならないというわけではない。オーバーばかりしているプレーヤーはこの逆をすればいいし、とてつもなくショートしがちなゴルファーは、ピンのもっとずっと先を狙う必要がある。

だがいずれにしてもアプローチが届かなければ残りのパットは苦しくなる。そしてもし届いてしまえば確実にスコアは1つ縮まるのである。目の前に立っているピンの先に自分なりのピンを想定して、思い切ってアプローチショットを打ってみよう。そうすればチップインも夢ではないのだ。

アプローチ編 45

右手首の角度を固定し、左手リードでフェースにボールを乗せる

「フェース面を変えないで打つ」

ジャンボ尾崎の柔らかアプローチはこれが基本となっている。そしてこれを行うためには「右手首の角度をスイング中、変えない」こと。アドレス時に作った右手首の角度。それをスイングの間中、保ち続けるのだ。

球を止めるためには、球をきれいにヒットしなければならない。そのために尾崎が考え出したのが、砂の上から打つ、という練習法だ。ライが悪い場合、きれいに球をつかまえなければ、意図したショットにはならない。クリーンにしっかりと球をフェースでとらえるために、トレーニングでは砂の入ったバケツを横に置いて、少しずつ球の下に敷き、何発も打つ。そうして球をクリーンに打つことを体で覚えていくのだ。

距離感に関しても、今度は籠か何かを置いて、そこに入れるという練習方法を自分が先頭に立って若い選手と始める。入れた者から練習を切り上げられるというのをオフにもよくやっている。そのほうが「集中力がつく」というわけだ。

自分の考えをどう具現化させるか。そのために何をやればいいかを考えて、尾崎は自分のイメージの追求をしている。サンドウェッジのシャフトを、ドライバーと同じ素材のカーボンに替えた。このほうが、スイングとフィーリングの一体化が可能だからである。

すべてのクラブに共通する「フェースに球を乗せる」ことを出発点から終着点とした、アイデアを取り入れた練習の成果。これが尾崎のアプローチがプロの中でも一番上手といわれた秘密である。

アプローチ編 46

コントロールショットでは、中心よりやや左サイドにウェイトを置く

我々アマチュアが苦手としているショットの1つに、100ヤード以内の距離というのがあると思う。目の前にピンが立っているというのに、ピンに寄せるどころか、グリーンさえも乗らないということが度々あるものだ。

持つクラブはピッチングウェッジ、あるいはサンドウェッジ。これらのクラブを上手くコントロールしてしっかりとグリーンには乗せたい。ところが、コントロールするからか、かえって、上手く打てない。力を抜くからか、または思わず強く打ってしまうからか、グリーンをオーバーしたりショートしたりと距離感がピタッと来ないわけだ。

しかもピンを見たいのか、ヘッドアップして、トップやダフリといったミスが出ることもある。またウェッジを持つからか、ボールを高く上げようとして、ひどいダフリになることも。ではどうすれば上手く打てるのかということだけど、ニック・ファルドは次のように言う。

「ピッチショットの場合、わずかに左足寄りに体重を置くことが大切。でも、あまり極端に左足体重にすると、スイングプレーンがアップライトになり過ぎて地面を叩いてしまうから気をつけなくてはいけない。それと、クラブのロフトを信用せず、腕でボールをすくい上げてしまうミスもよく見かける。このミスをしやすい人は、構えたときから背骨が右に傾いていることが多い。それを直すには、右足のかかとを上げて構えること。右足のかかとでボールを踏んだまま打つ練習をするといい。自然と左足にウェイトが乗るから、すくい上げてしまうことがなくなる。今まで出ていたダフリが嘘のように少なくなるよ」

アプローチ編 47

よいライではサンドウェッジを、悪いライではピッチングを

ドライバーでボールを飛ばせばグリーンに乗せるのは容易だと、ゴルファーならば誰もが考えるだろう。しかしこれはショートアプローチが上手いということが前提で、目の前にグリーンがありながらダフッたりトップしたりではいいスコアであがれないのは明白。アプローチの差がスコアに即、結びつくのである。

ということに気づいたところで、ちょっと自分のアプローチを振り返ってみよう。特に50ヤード以内のアプローチで、ピッチングウェッジばかり使い、なかなか感覚がつかめないと頭を抱えている人はいないだろうか。ボールが浮いているときはグリーンをオーバーしたり、低いボールで狙おうとしたらエッジに当たってボールがはるか彼方に転がってしまったり……。

そんなときはサンドウェッジを使うことを勧めたい。もちろん状況に応じて使い分けるのが前提である。使い分ける状況を判断するときに一番わかりやすい目安は、ライ。ライのいいときはサンド、悪いときはピッチングを使う。

サンドウェッジを使うときのコツは打ち込まず払うような、いわゆる〝スイープスイング〟を心がけること。ロフトが大きいので当たりにくいと思いがちの人は多少ダフリ気味でも柔らかくターフを取るスイングをするとよい。ボールを止めようとするあまり、バックスピンを意識するとかえって逆効果になる。ライの悪いときはピッチングウェッジを使う。アドレスでしっかりインパクトの形を作っておき、グリップをしっかり握る。そしてあくまでフルスイングをしないようにすることが効果的なボールを生むのだ。

アプローチ編 48

寄せのスーパーテクの合い言葉、「アプローチは右手がポイント」

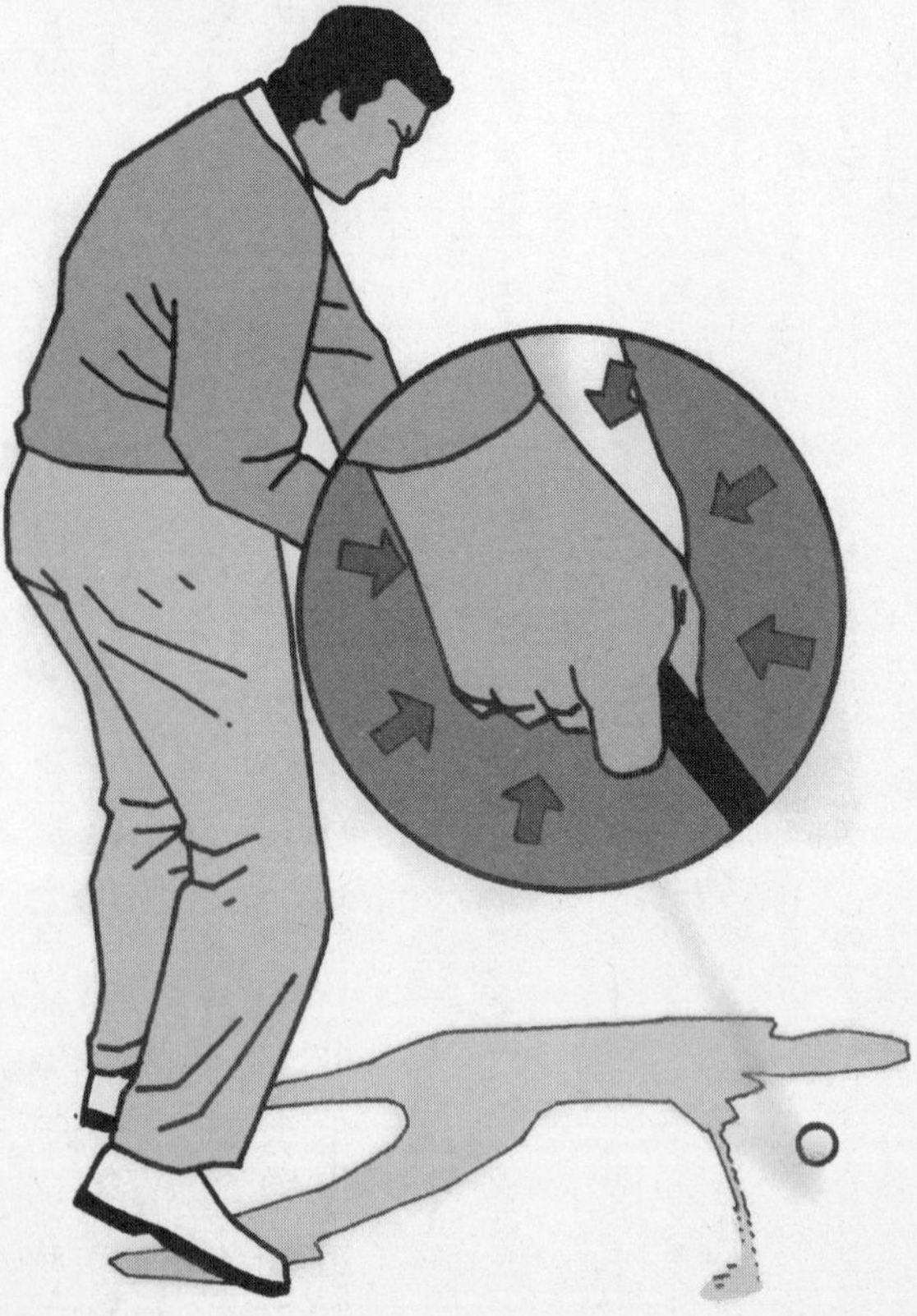

「寄せが上手くできれば、もっともっとスコアメイクができるのに」と、アプローチへの開眼をテーマに猛練習しているアマチュアも多いと思う。そんな熱心なアマチュアでも、いざ、コースに出てみるとザックリにトップといった悲惨な結果もあろうかと思う。

そんな悩みを持つアマチュアに、ジャンボ尾崎がアドバイスしてくれたことがある。

「アプローチのときは、ボールを打つ際に、絶対にグリップを緩めないこと。緩めてしまうと、フェースの向きが定まらないだけでなく、距離感だって出しにくい。グリップは、インパクトの瞬間に〝グッ〟と強く握る気持ちが大切。こうすることによって、フォロースルーで、ヘッドだけが先行することも防げるんだ」

パットでもそうだが、アプローチで、アマチュアの多くは、バックスイングが大き過ぎる。大きくバックスイングするから、「あっ、強い」と思って、思わず、インパクトでグリップを緩めてしまう。その結果はダフリやトップとなる。なので、バックスイングは小さくして、インパクトのときに強く握って打つという習慣を練習からつけたい。そうすれば、コースに出ても、距離感がしっかり出るというわけだ。

また、ジャンボはこんなことも言っている。

「アドレスしたときの右手首の角度を、スイング中は、常に一定にすること。そうすれば、シャクったりしないで、フェースにボールを乗せられるはず」

「アプローチは右手がポイント」というのが、ジャンボ流のアプローチの極意だ。

アプローチ編 49

ラフが深ければ深いほど、グリップは強く握るべし

アプローチショット、特にグリーン周りからのアプローチを練習する機会はなかなかないといっていいだろう。練習場のマットの上では常にボールのあるライはいい状態であるからだ。だからフォームを形成することはできても、ラフの深さによって微妙に変わってくるヒッティングの強さを感覚的につかむことは難しい。その意味でリー・トレビノが言った。

「ピッチングやチッピングの打ち方を教えてくれる最高のインストラクターは深いラフである」

同時にトレビノは、こうも言っている。

「だがそのようにして教えられているうちに、俺はラフから脱出する場合に非常に簡単な法則があることを発見した。それは、草の丈が長ければ長いほど、グリップをしっかり握るようにすることだ」

説明するまでもないと思うが、その理由はこうである。「コンスタントに一定の速度を保つため。ラフが深いとどうしてもダウンスイングが速くなってしまう。深い分、勢いをつけて振らないとボールがアウトしないと思ってしまうからだ。だがそれはしっかりヒットさせるという最大のポイントを疎かにする。それを防ぐためにグリップをしっかり握り、バックスイングとダウンスイングのスピードをつかむようにするのだ。バックスイングはゆっくり始める。一番上にいくときに、自分の腕がクラブヘッドに引っぱられていくような形で持っていくことだ。

グリップが弱過ぎると芝の抵抗でフェースがクローズ気味になってしまうというデメリットもある。こうなってはグリーンオンさえもあきらめざるを得ない。しっかりと握ることなのだ。

アプローチ編 50

ふわりと上げるロブショットは、ヘッドを真下に落とす

バンカー越えでピンが間近にあるときは、どうしてもふわりと上げてぽとんと落とすロブショットが必要となる。これが決まればとても格好いいし、ボギーになるところもパーで収められる。だが、アマチュアにはとても難しいテクニックに思える。サンドウェッジを握っただけでもトップやザックリが出るのではと怖れるアマチュアも多いからだ。

ところが全米オープンや全米プロに優勝した、今は亡き史上最も格好いいプロ、ペイン・スチュワートは「ロブショットなんてちっとも難しくない」と言い切る。というのもペイン流の打ち方ならミスなく打てる自信があったからだ。それは次のこと。

「ロブショットでトップやダフリのミスが出るのはボールを上げようとするから。上げたいからボールの位置も左足に寄せていたし、右肩も下げて構えていたに違いない。でもこうしたことがミスの始まりなんだ。ロブショットを成功させたいと思うなら、ボール位置は右足寄り。こうすれば右肩は下がらない。こうしてボールに向けてサンドウェッジのヘッドをただ落とせばいい。重力に任せてポンと落とす。そうすればサンドのロフトが自然にボールを上げてくれるんだ。上げたければ下げる。このゴルフのパラドックスがわかればとても簡単なショットとなる。ヘッドを落としてボールが上がってからクラブを上げていけばいい。それで全然遅くないのだから」

もっと言えば、スタンスはややオープンにして、体重はアドレスで左足にかけて、そのまま移動せずにスイングする。頭は動かさず、左腕は伸ばしたまま。ボールを上からトンと打つという感覚だ。やってみれば結構やさしくできるはずだ。

アプローチ編 51

ボールを手で投げるように、クラブを振る

ゴルフボールを手に持って、下からすくうように投げてみたことがあるだろうか。やってみたことがなければ、ボールを持ったつもりでシャドースローをやってみて欲しい。そのとき、近くに投げようと思えばテークバックが小さく、またフォロースルーも小さくなり、遠くに投げようとすれば大きくテークバックをとり、フォロースルーも上のほうまできているはずだ。意識しなくても自然とこの動きができていることに注目してみよう。そしてこの動作だが、これは50ヤード以内のアプローチショットでのアクションによく似ていることがわかるだろう。

アプローチショットで鍵になるのは、その距離感とコントロール。特に距離感はクラブの振り幅をアジャストしながら合わせなければならない。ボールを投げるフィーリングは、この振り幅と重ね合わせて考えることができるのだ。

つまりこうだ。遠くにボールを投げるときのテークバックをそのままスイングのテークバックに応用する。するとヒットしたボールもイメージ通りの距離に飛んでいくという寸法だ。もちろん逆も同じ。テークバックを小さくしてやれば距離はその分短くなる。おまけに投げたボールはランも出るから、その分のイメージも作ることができる。「この場所にボールを落とせばランが出てあの位置まで転がっていく」という青写真を描けるわけだ。ただその際、打ち方によって多少のバックスピンがかかることがあるから、その分は差し引いてセットする強さを調節したほうがいいだろう。

ラウンド前の練習グリーンでグリーンの外からボールを投げてみて、その距離とスイングの感覚をつかんでおくと、その日のラウンドにとってグッドな処方箋になるのである。

アプローチ編 52

フィニッシュでクラブを真っ直ぐに立たせ、ライン出しを習得する

ジャンボ尾崎は「アプローチこそスイングの基本」と言ってはばからない。つまりアプローチには正しいスイングとなるエッセンスが詰め込まれているというわけだ。そのアプローチというのは、クラブフェースにボールを乗せて運ぶイメージを持ち、ボディターンを主体としたスイングを行うことだが、集大成としては、「ラインに乗せる」ということがある。

「すべてのショットは弾道をイメージして、その弾道のラインにボールを打てるようになる必要がある。いわゆる〝ライン出し〟ができるようになる必要があるのだ。それにはまずはアプローチで〝ラインに乗せる〟ことができるようにならなければならない」

つまりはボールからピンに寄るまでの弾道をしっかりイメージする。それもボールがどう上がって、どこに落ちて、どんなふうに止まるかまでイメージする。そのラインが出るようにクラブも選択する必要があるが、ジャンボはまずはサンドウェッジでそれをつかめというわけだ。

「サンドウェッジでアプローチを行うときに、それがショットの基本となれば、真っ直ぐに上がっていくラインをイメージしてそうなるように打ちたい。スライスやフックは応用だから、まずはあくまで真っ直ぐ上げる。そして、真っ直ぐのラインをイメージしたら、それに沿ってクラブを振るわけだ。ボールをフェースに乗せて、ボディターンでスイングする。そうすると、フィニッシュではクラブが真っ直ぐに立つはず。つまり体はピンに向かって真正面となり、クラブもその体の前に真っ直ぐに立つ。シャフトが真っ直ぐとなり、ヘッドは真上に高く上がるのだ」

このアプローチが可能になれば、すべてのショットで真っ直ぐのライン出しができるようになる。

アプローチ編 53

意外な効果を生む、ウッドでのアプローチショット

グリーン脇からのアプローチでの失敗は様々なものがある。打ち方を誤って方向性を失うシャンクやザックリならまだいいほう。ホームランなんてことになったらホントに戦意を喪失してしまう。いくら目の前にカップが見えているからといっても決して油断してはいけないのだ。

だが、どんなにアプローチテクニックが完璧でも、ライの状態によってはその技術を十分に発揮できないことがある。プロでもボールが見えないほど深いラフにはまってしまっては手も足も出ないことがある。もちろん我々アマチュアとて同じである。

さて、ここでよくある失敗、つまり長めの草が密生しているライからのアプローチでのしくじりを考えてみよう。草が長いことからくる失敗は、クラブを振った際に草がクラブヘッドをがっちり噛んでしまい、振りにくくすることからくることが多い。

そんな局面に陥ったときの画期的な打開策がある。それは、長めのラフにつかまってしまったときはウッドを使ってアプローチするというもの。バフィやクリークでリカバリーするのだ。ちょっと驚きだが、試してみる面白さはある。打ち方はボールを木槌で打つように、手を前のほうに出してパッティングする感じ。ボールをすくい出すといってもいいかもしれない。ヘッドをゆっくり引いてフェースに正確に当たるようにする。そのためにはクラブを少し短く持つ必要もあるだろう。

考えてみればウッドのヘッドは草の中で引っかかりにくく、アイアンよりも動きやすい。そのパーソナリティに注目したのはとてもユニークだ。打つ感覚はクラブヘッドを上げ、ボールをポップアップするフィーリングだ。小さくポコッと打ち出して転がしてやればいいのだ。

アプローチ編 54

パターはグリーン上だけのものではないのである

「テキサス・ウェッジ」という言葉をご存じだろうか。戦後のアメリカゴルフシーンで盛んに言われたこのスラングは、実はパターのことを指している。当時アメリカ、特に中西部にあるゴルフ場では芝の発育が悪く、しかも乾燥した気候なので地面がコチコチに固まっているような有様だった。そんな状態だったらサンドウェッジを使ってアプローチするよりはパターで思い切りよく打ち、50ヤードぐらい転がしてピンに寄せるという方法がよい結果を生むことが多かったのである。

それればかりでなく、現在でもシチュエーションによってはアプローチにパターを使うプロだって大勢いる。中には浅いバンカーの中からパターでカップに寄せるプロさえもいるのである。

だがアマチュアではこのことを軽蔑視する傾向がある。自分ではパターでもいいかなと思っているのに実際手にしているのはサンドウェッジだったりするのだ。はっきり言ってパターで打てるだけの条件が揃っていれば正々堂々とパターを持ってアプローチをしよう。

さてその条件。今さらここにあげる必要はないかもしれないが念のため。まずフェアウェイからパターを使う場合は芝が短く刈り込んであること。そしてボールの行方に障害物がないことだ。つまり花道にある場合には迷うことなくパターを使えばいいことになる。さらにバンカーから打つときだが、これもライがいいことが第1条件。もちろん深いバンカーは論外。浅く、アゴがないところがいい。特にバンカーが苦手な人にとっては願ってもない道具になるだろう。

パターをグリーン上だけで使うのはもったいない。そんな合理的なアメリカンメソッドでテキサス・ウェッジの恩恵に浴してみては。

アプローチ編 55

ティアップしたボールを サンドウェッジでフルショット練習

イメージした通りの真っ直ぐなボールを打ちたい。これはアマチュアでなくともプロでさえも同じ願いである。さらにいえば、ダフリもトップもなく、きっちりとスイートスポットでボールをとらえたいと思っているはずだ。それができれば、常に同じ弾道で、同じところに打てる。距離も方向性もよい正確なショットになるというわけだ。

しかし、そんなことはプロにとってさえなかなか難しいことだが、それができる練習法がある。

ジャンボ尾崎が自ら行い、練習生に何時間もやらせていた練習である。

それは、高いティにボールを乗せて、サンドウェッジでフルスイングするというもの。ゆったりとスイングして、ボールだけを打つ。つまりはティを飛ばさずに、しかもトップしないで打つという練習法である。

もちろんこれは1人前のプロだって難しいから、練習生ではとても難しい。しかし、それができるように繰り返し練習するわけだ。体をしっかり回してボディターンで打つ。手打ちは厳禁だ。

サンドウェッジでボールをきっちりと打つ。具体的にどういうことかといえば、ボールの赤道より下にリーディングエッジを入れて打つということである。プロのウェッジやアイアンショットを傍目で見ると、カツッというトップしたような音が聞こえるけれど、しっかりとターフが取れていて、鋭いショットになることがわかる。つまり、ボールに当ててから地面を打っているわけで、これがトップでもダフリでもない正しいショットなのだ。このティアップしたサンドウェッジのフルスイングは、こうした正しいショットが打てるようになる練習法なのである。

アプローチ編 56

バンカーショットはボールの1インチ手前に打ち込むだけ

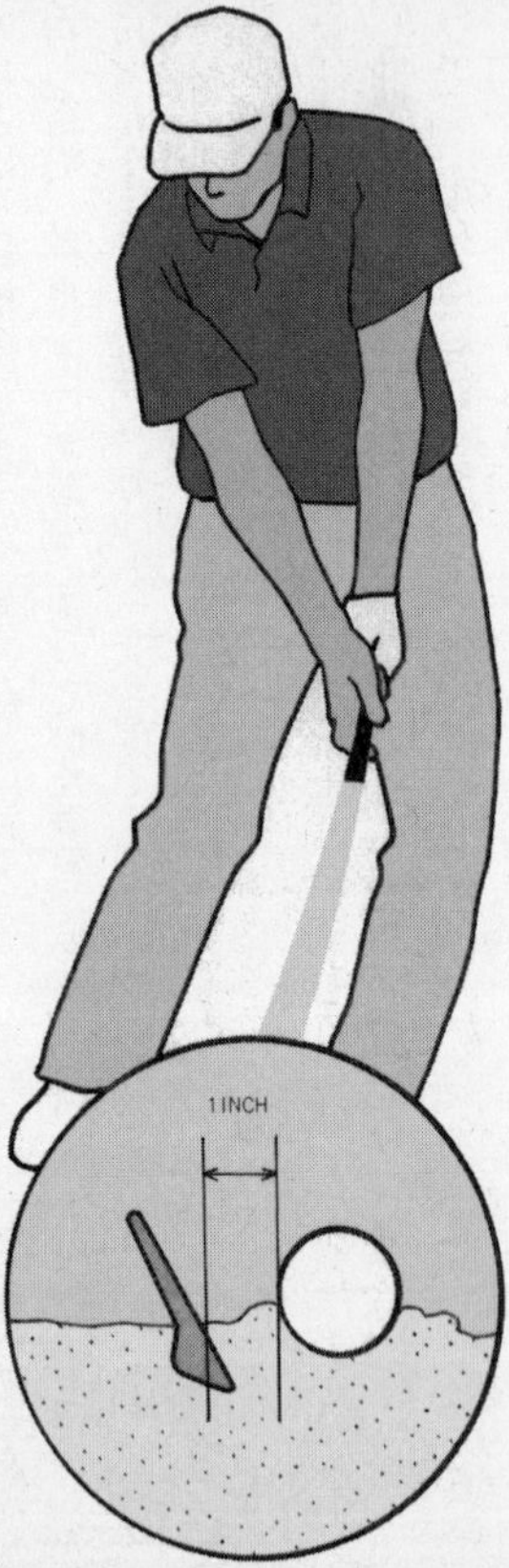

スライス打法で世界を制したリー・トレビノ。アウトサイドインのスイングだから、バンカーショットも大変に上手かった。トレビノは次のように公言していた。

「俺はショットもスタンスを30度オープンにしてスライスを打っていたけど、そのスタンスのまま、バンカーショットも打てばいい。まずは左を向いて両足をしっかり砂の中にめり込ませる。ボールは左足前方だ。スイングは極力アップライトにして、ボールの1インチ手前にヘッドを打ち込むとさ」

これだけで簡単にバンカーから脱出できるというわけだが、アマチュアには次のような苦言を呈してもいた。

「あのさ、バンカーが苦手だという人間ほど、バンカーショットの練習をやらないんだ。だから、俺の話を聞くだけじゃダメだ。実際にバンカーに入ってボールの1インチ手前を打つ練習をしてもらいたい。サンドウェッジのソールのバンスを上手く使えるようになれば、ドンッという砂を打つ鈍い音がするはずだ。この音がして、難なくバンカーからボールが出るようになったら、もうバンカーなんか怖くなくなる。そうなったらどうなるか？　小さなグリーンでもバンカーまでがグリーンに思えるってことよ。こうなったら余裕を持ってグリーンも狙えるから、パーオンの確率もグッと増える。しかも、たとえバンカーに入ってもパーが取れるというわけよ」

というわけで、このトレビノの言葉を肝に銘じて、アマチュアはバンカーショットの練習に精を出さなければいけないのだ。

アプローチ編 57

柔らかく高いボールで、バンカー地獄を克服する

プロの試合を観戦していて「何であんなに上手くできるんだろう」と思うものの1つに、グリーンを取り巻く罠であるガードバンカーからのリカバリーショットがある。下手な我々ならカップに乗せるのは疎か出すのが精一杯、下手をすればしばらく〝砂遊び〟にだってなりかねない。

ではどうすればバンカーから脱出ができ、しかもカップに寄るボールが生み出せるのだろうか。どんなボールが一番いいのかを考えると、これはもう柔らかく高く上がるボールになる。つまり、カップを真上から狙う〝空爆〟スタイルの球が最も狙いやすくボールが止まりやすいのだ。

そこで次にそういったボールの打ち方だ。まずアドレスだが、皆さんがご承知の通り、サンドウエッジのブレードをオープンにして構える。グリップは多少ウィークポジション（右手をかぶせ気味にして持つ）にして握る。そう、時計と反対の方向にちょっと回しておく。さらにボールの位置は普通より前気味、グリップがクラブヘッドより少し後ろにくるようなポジションに置く。

そしてスイング。まずバックスイングでクラブアップを早くする。言い換えれば手首のコックを早めにする。左の手首を要に、クラブが扇を開いたような軌跡を描くような感覚だ。手首とクラブシャフトが直角くらいの位置関係までできたらダウンスイングを始める。その際ターゲットはボールではなくボールの後ろの砂。そのときオープン気味になっていた手首を元に戻すように心がける。そうすることでクラブヘッドが両手のところを通り越す場所でインパクトが得られるはずだ。

このように打てばボールの下の砂を上手くすくうような形になるため。高く上がりピタリと止まるボールが生まれるはずだ。

アプローチ編 58

真上に上げて、真下に振り下ろす

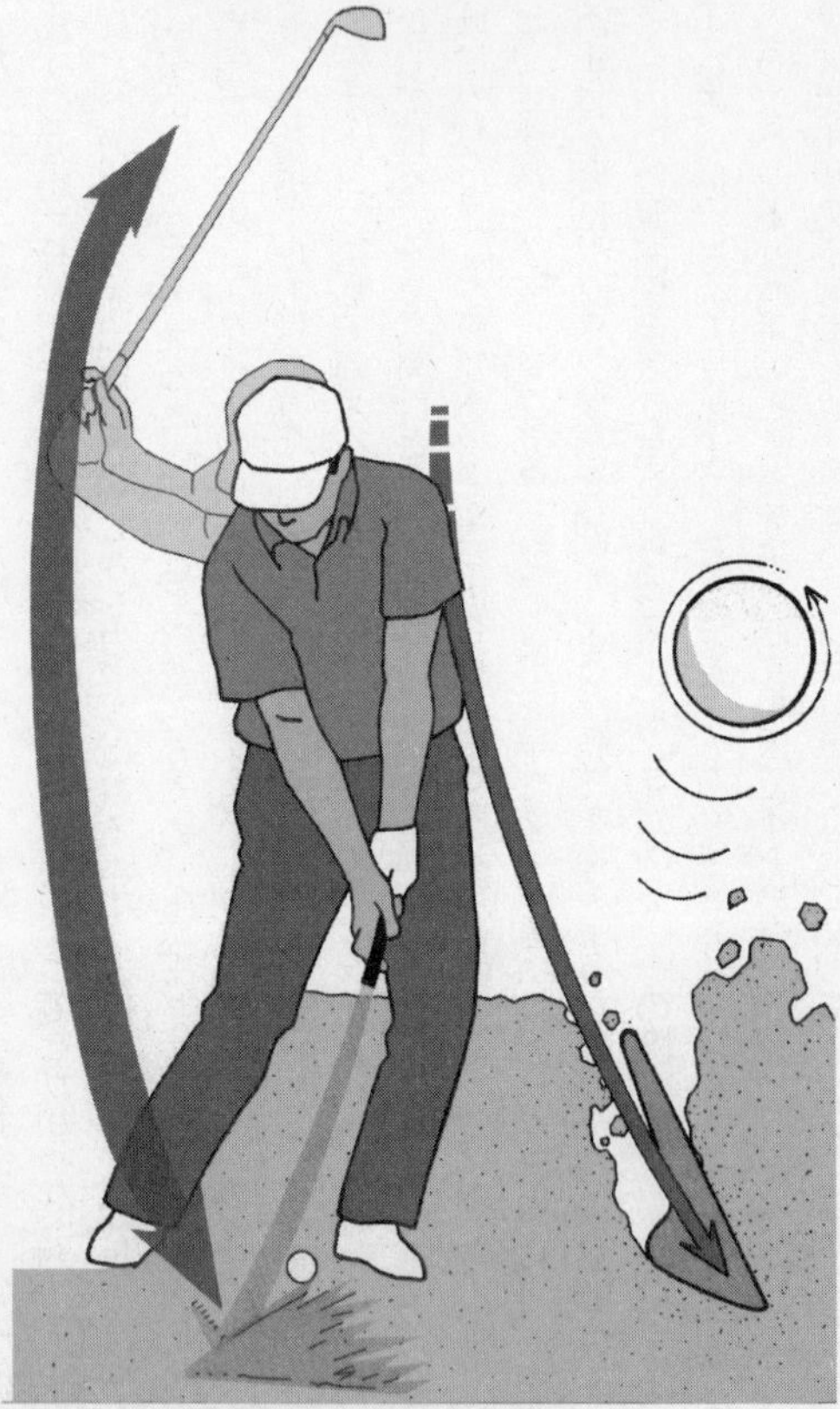

普通のバンカーショットは自信を持って出すことができるようになったとしても、目玉のバンカーは簡単ではない。この場合は、とにかく寄せるなんて考えずに、1発で脱出することだけを念頭に置きたい。とは言え、「それができないから、参ったってなるんだろう」と怒る人もいるはずだ。そこで、バンカーショットの名手、リー・トレビノに聞いてみた。

「まずは、ボールをスタンスの真ん中において、左足に全体重をかけてアドレスするんだ。そしてクラブを垂直に上げて、垂直に振り下ろす。そう、薪割りの要領よ。ボールを真上から叩き切る感じで打つのよ」

何とも豪快なトレビノらしい教えだが、本当にボールを叩き切っていいのだろうか?

「馬鹿だなあ。そんなわけないだろう。打ち込むのはボールじゃなくて砂よ。ただし、普通のバンカーショットのように、ボールの手前1インチでいいということはないんだ。目玉では、ボールの後ろ側ぎりぎりにヘッドを振り下ろすことだ。そうすると、その反動でボールがフェースの溝を伝わって飛び出してくれる。自然にバックスピンもかかるから、ボールは高く飛んでピタリと止まるってわけだ」

もちろん普通のスイングとはまったく違うから、フォロースルーは必要なし。ボールが飛び上がってくるのを感じ取れるように打ち込めばもう完成ということだ。

「だがこの方法は、口で説明するほどやさしくはない。俺も苦労して覚えたんだから。でも一度手の内に入れてしまえば、目玉が好きでたまらなくなるさ!」

THE PUTTING METHOD

PART 5

パッティング編

パッティング編 59

パットには法則もスタイルもない。ただカップに沈めるのみ

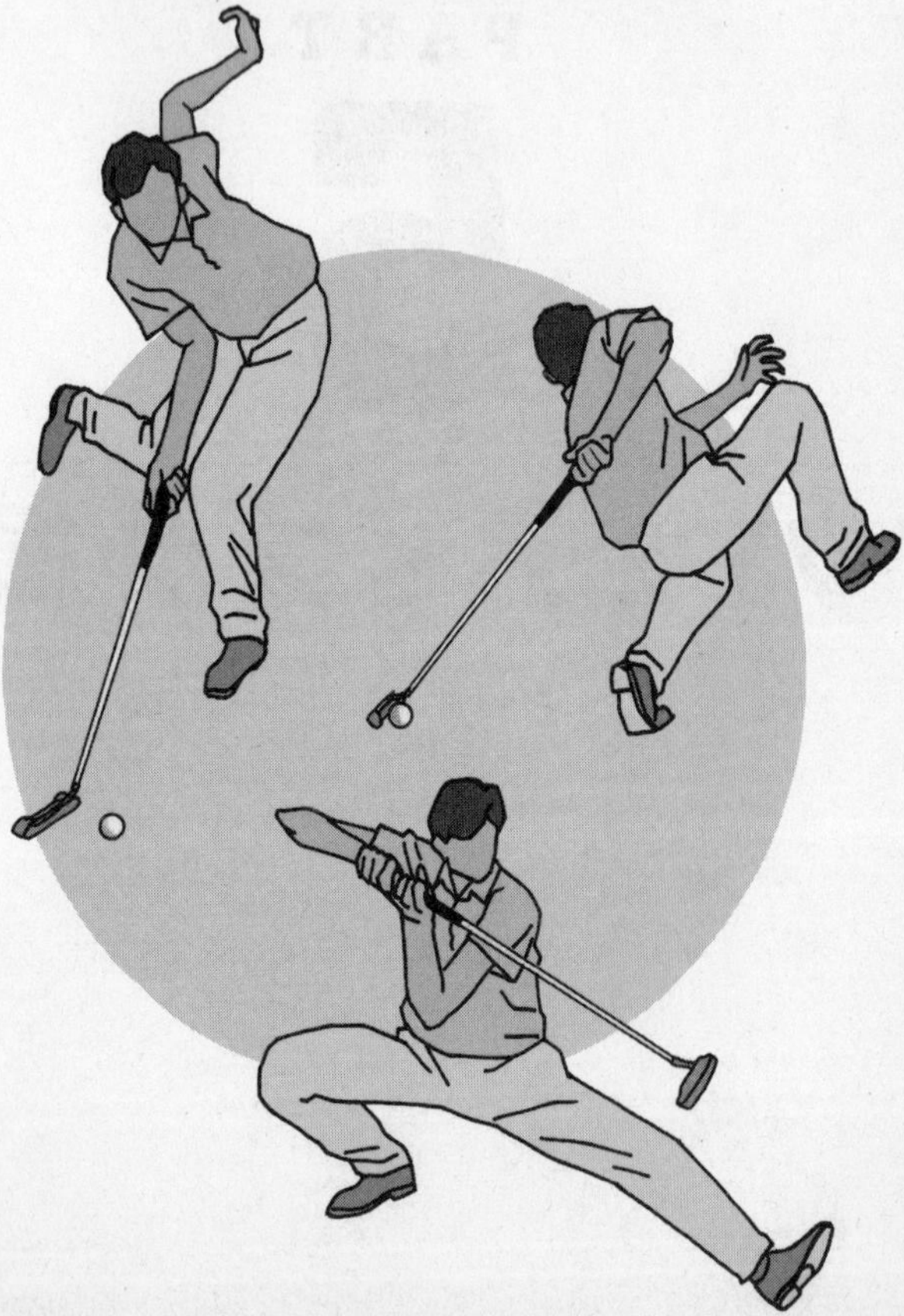

「ゴルフは制約が多い」と窮屈に感じている人も多いだろう。スイングにしろクラブにしろ、同じ形ややり方を求められることが多い。だがちょっと待ってほしい。オリジナリティ溢れる人たちが思う存分羽を伸ばして活躍できる場所がゴルフにはしっかりと用意されている。

その場所はグリーン。ここではパッティングでプレーヤーたちが腕を競うことになるわけだが、このパッティングには法も形もない。自由にボールを打つことができるのだ。その千差万別さは「指紋のように個々に違っている」とか「その種類はゴルファーの数だけある」といった言葉で表されている。例えばベルンハルト・ランガーのように左腕とパターを一体化させたものや、長尺パターを使うといったものがあるのはご存じのことと思う。

アーノルド・パーマーは、「パッティングにはこれは絶対、というような方法はない。要するにボールがカップに入ればいいので、そのスタイル自体は問題ではないのだ」と語ってパッティングスタイルの多様さと自在さを認めている。実際にサム・スニードはカップに正面を向いて体の横にボールをセットするサイドサドルで一世を風靡したし、青木功はパターのトゥを立たした変形パットで数々のビッグタイトルを手中に収めてきた。要するに自分に合っていれば〝何でもあり〟ということになるわけだ。

だが法も形もないからといって、基本を無視してはいけない。どのようなボールの転がりが一番よいかとか、方向性をアップするにはどういうスタンスがいいかなど、基本的な事項を満たし、尚かつ個性的なスタイルを編み出すのがパッティングの楽しみなのだ。

パッティング編 60

パターと体の位置関係を、常に一定にキープする

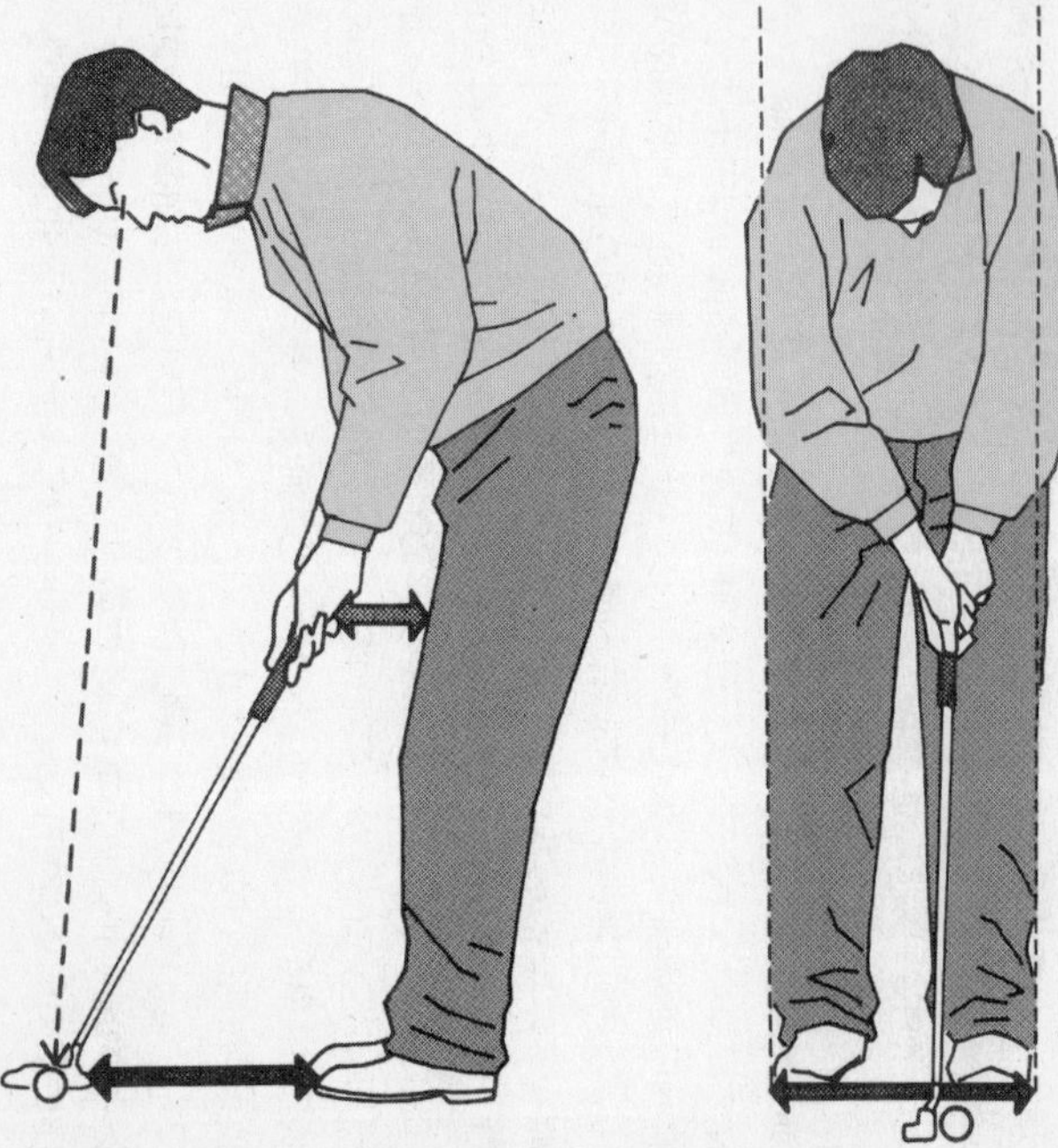

ゴルフではいつも一定の形を作り、変わらないスイングをするのがスコアメイクの鍵とされている。ティショットのドライバーとフェアウェイからのアイアンショットでまったく違う形のスイングをしていたのでは一長一短。なかなかスコアを前進させることができない。

そのことに最も気を遣って欲しいのがグリーン上でのパッティングだ。パットではパワーは必要ない。老若男女すべてがフラットな状態で戦える唯一のステージである。しかもたとえドライバーでチョロしたとしても、相手が自分より1パット多ければスコアは変わらない。とにかく派手なショットに偏重しがちなゴルファーはもっとパットを大切にするべきなのだ。

そこで問題となるのがいつも同じパッティングをするにはどうしたらいいのか、ということだ。まずはスタンスを決めること。両足を揃えた状態から徐々に両足を広げていき、自分が最も安定する形をとる。そのときボールとカップを結ぶラインと右足が直角になるようにセットするのだ。

次はボールの位置。最も常識的なのが体の真ん中。でも、自分の打ち方にあった場所、例えばオーバースピンをかけたかったらカップに近いほうに置くといった工夫をしたらいい。

3番目はグリップのポジション。体とグリップの位置関係をしっかり覚えておくことだ。打つ前に握り拳をあてがって、正しいグリップの位置を確認してもいい。

そして最後は、目線。自分の目がどこからボールを見つめているかをつかんでおくこと。何となく漠然と見て打つ人がいるがあれはよくない。真上から見てもいいし、背の高い人などは少し屈み気味で見るとボールとの距離が短くなり、安心感を増すことができるだろう。

パッティング編 61

ソールをフラットにつけて、正しいパッティングを行う

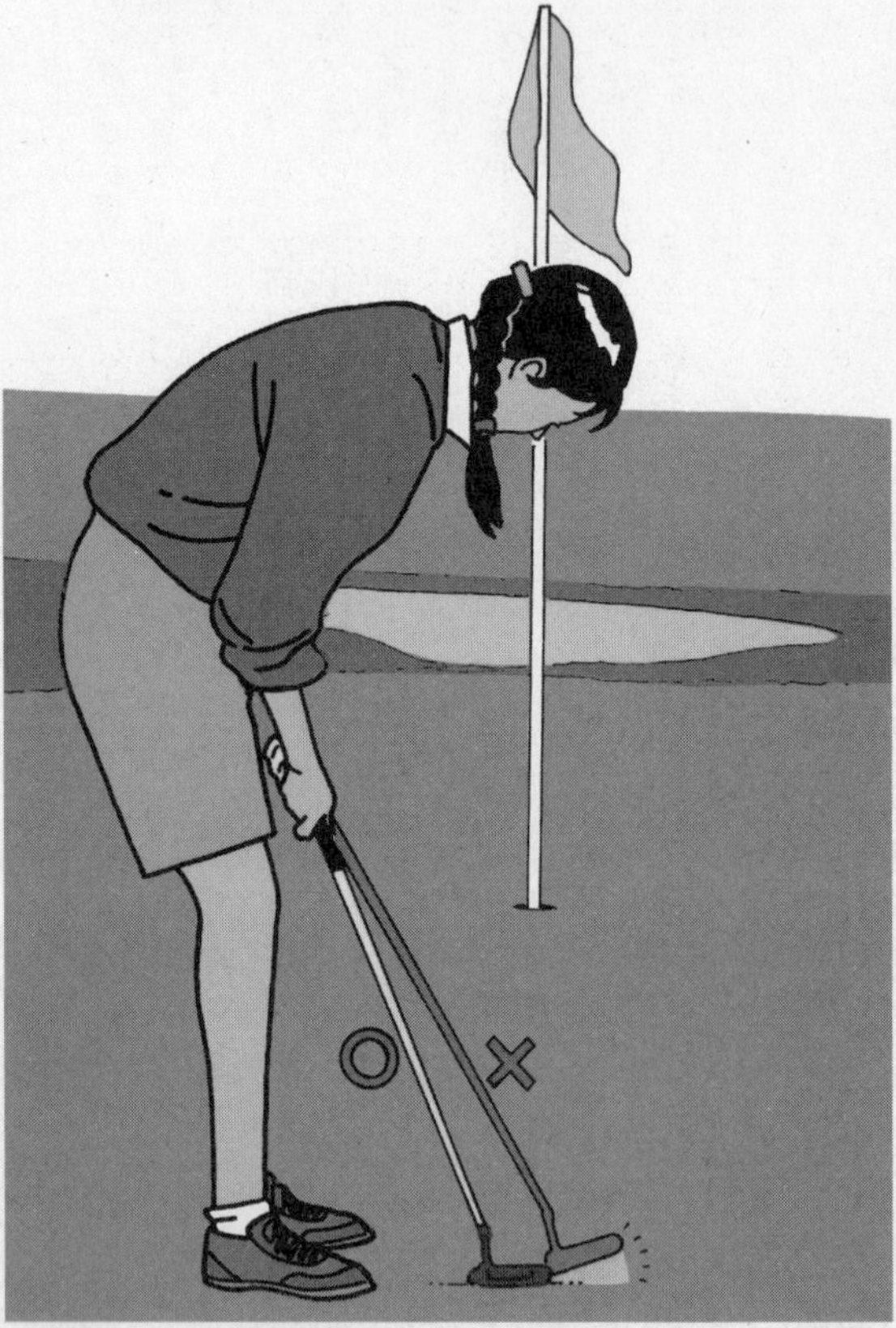

プロばかりでなくアマチュアにも不調はある。中にはゴルフを始めたときからずっと不調期間に入りっぱなし⁈　なんていう人もいるかもしれないが、とにかく絶好調もあれば絶不調もあるのがゴルフ。そしてその様子が最も端的に表れるのがパッティングだ。スイングよりも細かい微調整が要求され、ちょっとした体の動きが即、ボールの転がりに影響するミクロの世界だからだ。

だが不調に陥ったときに自分のどこが悪いのかをはっきりつかめていればそんなに恐がることはない。例えばパティ・シーハンは、「私の場合、パッティングの調子が悪いとき、一番最初にチェックするのはパターと体の位置関係ね。悪いときは大抵の場合、グリップが体に近づいてきてしまっているの。そうなるとパターの先端が地面から離れてしまうので、目標に向かってスクエアにクラブフェースが出せなくなる。当然、ボールをラインに乗せることも難しくなってしまうわけね。だから私はいつも少しだけ手を離して、パターのソールの全面が完全にグリーンに触れているようにします。そうすると、カップに向かって上手くボールが転がっていくわ」と自分自身のパッティングのチェック機能を話している。

このように人には気がつかないうちに陥ってしまう悪い癖がある。それがシーハンのようなものであったり、前屈みになり過ぎることであったり、逆に体が立ってしまうことだったりもする。問題は数あるそういう癖の中で自分のものはどれか、ということを見つけることである。パッティングはデリケートなものだけに見つからぬまま続けていると完璧に迷路に入ってしまう。実際プロでもその症状で悩む人が後を絶たない。決して油断をしてはいけないのだ。

パッティング編 62

パッティングの前に、パターをボールの前にセットするのはなぜ?

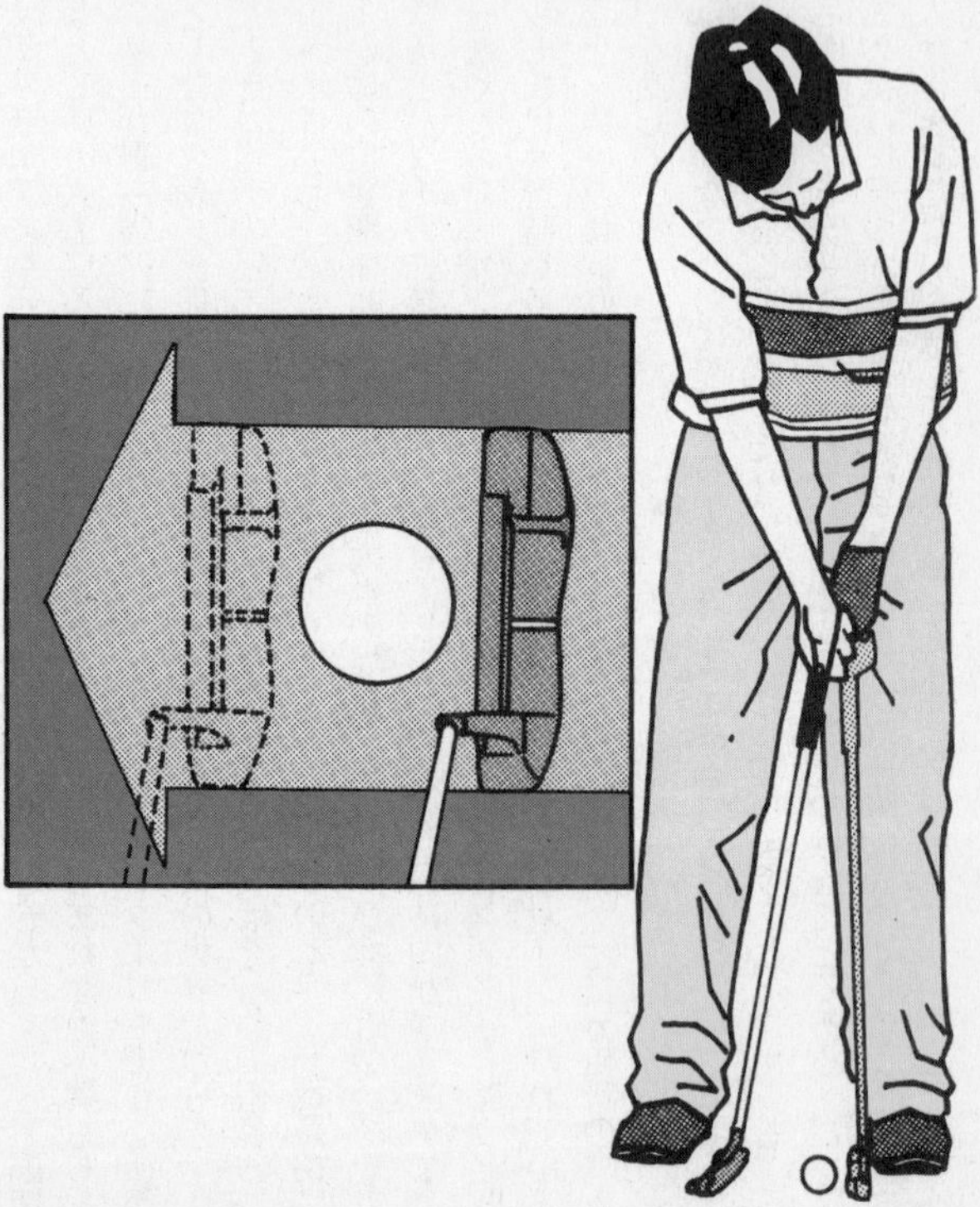

テレビトーナメントの中継などを見ていると、よく出くわす場面がある。それはパッティングのアドレスに入ったプレーヤーが一度ボールの前にパターのヘッドを置き、しばらくジッと見つめたあと、パッティングの態勢に入るという一連の動作だ。あれは一体どんな効果があるのだろう、と思う人も多いはずだ。ではその動作の意味を追究してみよう。

「アドレスでボールの前にパターを置くのは、ボールに妨げられずにフェースをボールが転がっていくラインに直角に置きやすいからです」と言って指導するのは某有名インストラクターだ。

また、大町昭義は、「インパクトとフォロースルーでのパターフェースの最も正しい位置を設定しておくためにしている」と語っている。ボールの前にソールしたパターの残像をメンタルピクチャーとして心の中に焼き付けておき、その残像と重なり合うようにパットのフォロースルーをとるというわけなのである。

この2つの意見はどちらも頷けるものだからぜひ参考にしたい。だが、さらにプラスアルファの要素があることを多くのゴルファーは語っている。それは何かというと、とりあえずホッとひと息つける〝間〟が得られるということである。手や体のちょっとした動きでさえも微妙に影響するパットにとって硬くなりがちな緊張をほぐし、張り詰めてコチコチになった心を和らげるのは大切なこと。この小さな1つの動作が上手くその役割を果たしてくれているというのである。

今ではとかくただの癖のようになっている動きだが、きちんと意味をつかんで実行すれば、1ホール1パットは縮まるかもしれない。

パッティング編 63

頭を動かさないための合い言葉、「左の耳でパットする」

誰だって自分がパットしたボールがどこに転がっていくのかは気になる。カップ目指して一直線に進んでいけば「GO!」と言いたくなるものだ。だが、あまりボールの行方を気にし過ぎると、入っているはずのパットを外すことにもなりかねない。というのは、ボールを目で追うとその拍子に頭も動いてしまい、ボールの方向性にも微妙な影響を及ぼしてしまう。「瞳孔が動いただけでもダメ」と言ったゴルファーさえいるのである。

実際、現役プロたちのパッティングを見ているとわかるが、打ったあとにすぐ上体を起こしている人のパットは必ず失敗に終わっている。打ったままの態勢でとどまってジッとボールの行方を見つめている人ほどカップインしている確率は高い。頭が動くことはまさに百害あって一利なしだ。

そこで登場するのが「耳でパットする」という言葉だ。どういうことかというと、ボールがカップインして「カランッ」という音がするまで打ったままの姿勢を保っているようにするのだ。右利きの人は左の耳を、左利きの人は右の耳をダンボのように大きくして、ボールの転がる音さえも聞き取ってやるようなつもりでパッティングに臨めということなのだ。

もちろんこれはロングパットだってショートパットだって変わらない。ショルダー式のパッティングスタイルの場合、動くのは腕と肩だけである。ただ気をつけたいのはロングパットでストロークが大きくなるとき。振り幅が大きいと体がスエーしてしまい、それに伴って頭も動いてしまうことがよくあるからだ。また頭を動かさないことを考えていると、ボールに対する集中力が欠けることもある。その意味でも「耳でパットする」というのはとても含蓄のある名言といえるだろう。

パッティング編 64

距離感をつかむ、正しい振り子運動をする

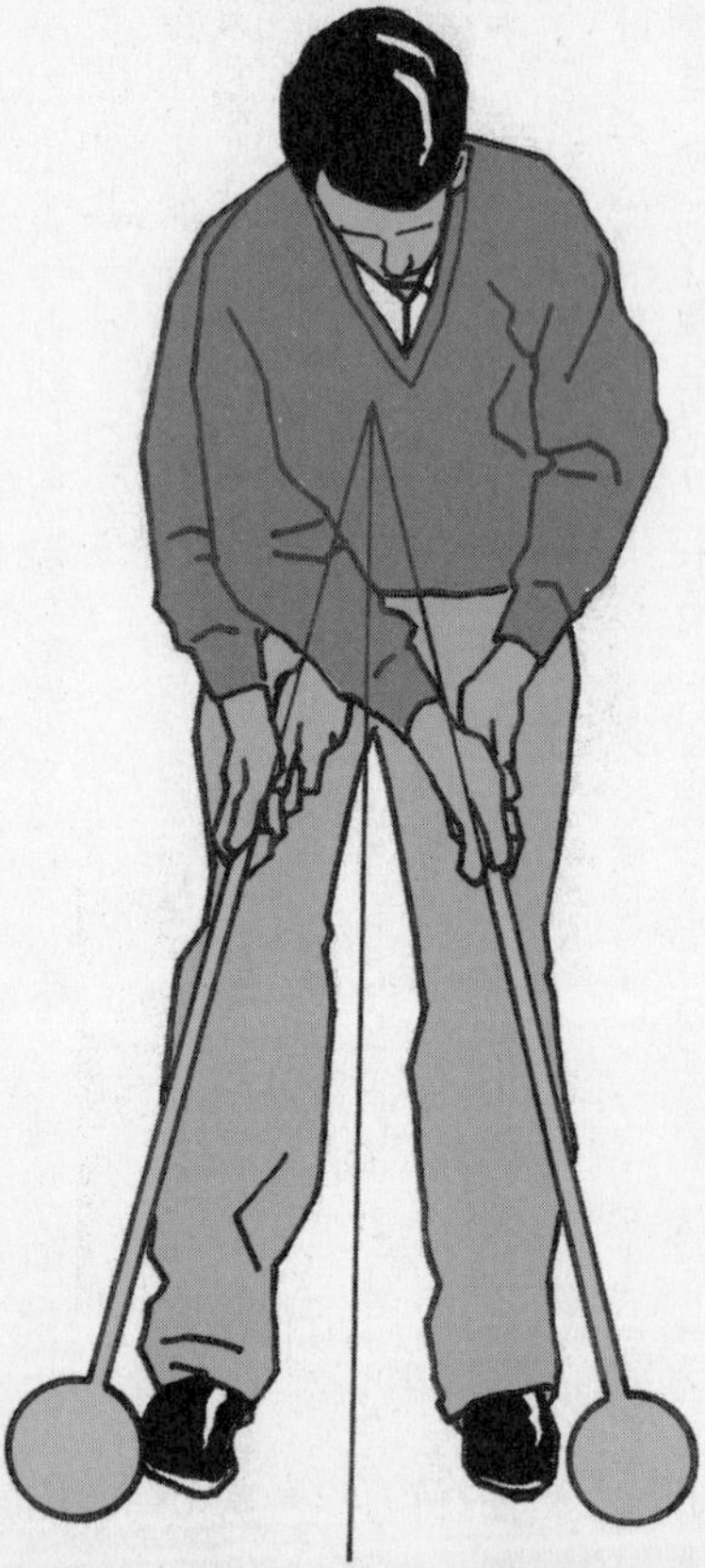

パッティングでは昔から「振り子のように振れ」と言われている。しかし、それをきちんと理解しているゴルファーは意外と少ない。では「振り子」とはどんな運動だろうか。これは同じ長さを行って返る動きである。それも同じリズムで、真っ直ぐに直線上を行って返る。この3つのことをパッティングでやっている人がどれほどいるだろうか。

ほとんどのゴルファーはバックスイングとフォローの長さが違うし、真っ直ぐに引いて真っ直ぐに打ち出している人も少ない。インサイドインならいいが、アウトサイドインやインサイドアウトでボールにサイドスピンを与えている人が凄く多いのだ。

なのでまずは、バックスイングとフォローを同じ長さにすることに努めて欲しい。30㎝引いたら、同じリズムで30㎝出す。50㎝引いたら50㎝出す。この幅でまずは距離感を合わせる。スタートの前の練習グリーンでは、10㎝から50㎝くらいまで、各10㎝単位の転がり具合をつかんでおくことだ。小さく引いて大きく出したり、大きく引いて小さく出したり、というストロークでは距離感どころか転がりまで悪くなり、その結果、まったく寄らなくなることを知っておこう。

さらに練習グリーンでは、2本のシャフトを平行にして横に置いたり、1本のひもを割り箸にくくりつけてラインとしたりして、そのラインに沿って真っ直ぐに引いて真っ直ぐに打ち出すストロークを身につけることだ。こうして、パッティングでは左右対称のイメージを養い、真っ直ぐにストロークできるようにすること。そしてそれを柔らかいリズムで行うこと。この「振り子」運動の3点を重点的に練習すれば、距離感も方向も驚くほどよくなるのだ。

パッティング編 65

目隠しパットで距離感をつかむ、変則プラクティス

サーカスやテレビの〝世界びっくりショー〟みたいな番組で時たま見かける演し物だ。目隠しをしたおじさんがその正面の壁に〝ハリツケ〟のような形で立たされた美女に向かってナイフを投げ、周りにある風船を見事命中させる。見たことがある人も多いだろう。

あそこまで過激ではないが、あのやり方でパットの距離感を身につけようというメソッドがアメリカでは用いられている。つまり目隠しをしてパットの練習をするのだ。

座禅を組んでいるときや瞑想しているとき、人間は物事に集中しやすくなる。余計なものを視界から除外し、1つのことだけに集中できる状況を作り出す。というとなにやら精神論めいた〝スポ根〟的練習法という感じがするが、まあここは実際に試してみてから判断してみて欲しい。

やり方は単純明快。練習グリーンでもパッティング練習場でもいいから、とにかく広いところを探す。次にボールを数個用意して打つ。個々で注意しなければならないのは方向性をあまり気にしないこと。自分がパッティングするときの強さと距離の関係をつかむことに全神経を傾けるのだ。

数個のボールを同じ強さで打ってみたところで目隠しを外す。ボールが同じところに集まっていれば、その距離を得るためには今打ったタッチで正解ということ。反対にボールが手前に止まっていたり、やたらに奥にあったりとバラバラのときは、自分では同じタッチで打っていたつもりでも、その実、かなりの差があったということになる。

これを繰り返し練習すれば、自分のタッチと転がる距離の関係を正確につかめるようになる。ただ最初はボールが芯に当たらないので、誰かにボールとフェースを合わせてもらうといいだろう。

パッティング編 66

パターの先でボールを打って、スイートスポットをつかむ

ロングパットであれショートパットであれ、パッティングの打ち方の基本はただ1つ。ボールの芯を正しくとらえることである。芯でとらえていればとにかくボールは真っ直ぐ転がっていく。距離感はその打ち方の強さで決まってくるし、グリーンのアンジュレーションは何度もラウンドを重ねていけば感覚として頭の中にどんどん蓄積されていく。

そこでパターに正しく当たるようにする練習法。それはイラストを見てもらえば一目瞭然。パターのヘッド部分の先端でボールを打ってみることである。ちょっと不思議な感じがするが、この場所にボールを当てて真っ直ぐ転がすためには、絶対に芯をとらえなければならない。芯に当たらずヘッドの角に当たれば、ボールは右に転がっていったり左に行ったりしてしまうのだ。

芯でボールをとらえることの効果は真っ直ぐ転がるだけではない。その打ち方を応用すれば、一番転がりがいいといわれるオーバースピンのかかったボールも容易に打つことができる。

オーバースピンのかかったボールを生み出すコツは、ボールの芯よりやや上側をインパクトすることだ。逆にボールの下側を切る感じで打つと、バックスピンがかかり、ボールが急に失速してしまう。パターフェースをアッパーブロー気味に打ってオーバースピンのボールを打つときの感覚は、あくまでソフトに滑らすような感じでミートするのが理想だ。

このようにボールをパターの芯でとらえることができれば、パッティングの7割は手中にしたといってもいいだろう。最初はとんでもない方向にとんでもない球が飛んでいくかもしれないが、めげないこと。いきなり強く打たないで徐々に強くしていくのが、ヘッド先端で打つ練習法のコツだ。

パッティング編 67

朝の練習では目標を決めて、そこにボールを運ぶ

「パットは届かなければ入らない」

こんな言葉がある。いくらボールを芯でとらえることができても、真っ直ぐカップに向かってツーッと転がっていったとしても、ボールがカップに届かなければ1ストローク縮めることはできないということだ。しかし反対に無雑作に強いパットを打ってもカップをオーバーしてしまう。

ここで要求されるのが正確な距離感である。この距離感を合わせるためには、自分がどれくらいの強さで打ったら何ｍぐらい転がっていくのかを把握していなくてはならない。だが、ショットと違ってパッティングはなかなか練習する機会がない。特に若いゴルファーやビギナーなどは、ラウンド前の練習グリーンで5分ほどボールを打つ程度にとどまっているのではないだろうか。

そこで知っておいて得する、短時間で効果ある即効性のパッティング距離感調整法を教授しよう。まず練習グリーンに入ったら手前から奥に3つの目印を置く。ボールを置いておくのもいいが、できれば動かない目標のほうがいいからティペグを刺しておく。3本は等間隔で、30〜50㎝くらいの幅をとっておく。そしてそれぞれの目標に届くようにボールを打っていくのだ。「これくらいの強さだったら一番手前、もう少し力を加えたら真ん中のティ、強く打ったら一番奥のティ」という具合に打ったときの感覚と距離感をつかんでおく。こうすればその日のグリーンのコンディションもつかめるし、距離感も大体わかるから、これから臨むラウンドに即、役立つわけである。

さらに、季節や天候によっては午前と午後でグリーンの状態が違っていることも十分あり得る。そんなときは朝だけでなく後半のラウンドに入る前にもこの方法で練習してみよう。

パッティング編 68

パッティングにも、テークバックとフォロースルーがある

ショートパットは絶対に外さない。この鉄則を守ればスコアは確実に縮まる．これはプロはもちろん、アマチュアでも同じこと。しかし、我々アマチュアはショートパットを外せば頭には来るが、それが1ラウンドで何度あったかについては覚えていないことが多い。実はかなりの数に上っているはずだ。というわけで、ショートパットを確実に決められる練習法を探ってみたい。

US女子ツアーのホリス・ステイシーは、ショートパットについてこんなことを言っている。

「ショートパットとなると普段のパットと違うスタイルになってしまう人がいます。例えばバックストロークを十分にとったのに、インパクトで止めてしまうという打ち方です。これだとよくショートしてしまうことがありますよね」

そのことを踏まえたうえで、ステーシーはフォロースルーの重要性について語っている。

「パットではバックストロークばかり気を遣いがちですが、フォロースルーもきちんととらなければいけません。特に微妙な距離のショートパットでは、このことが大切になります。それには練習するときにバックストロークの2倍のフォロースルーをとってやるようにするといいと思います。バックストロークが3インチならフォローを6インチとってやる、というふうに。そうすればしっかりボールを押し出す感覚がつかめるし、パターのヘッドを使って真っ直ぐ出す感覚もわかりやすいからです」

このフィーリングをつかみ、フォローをしっかりすることがショートパットミス撲滅の第1歩ということである。

パッティング編 69

ボールをやさしく見つめていれば、3パットなんておさらばさ

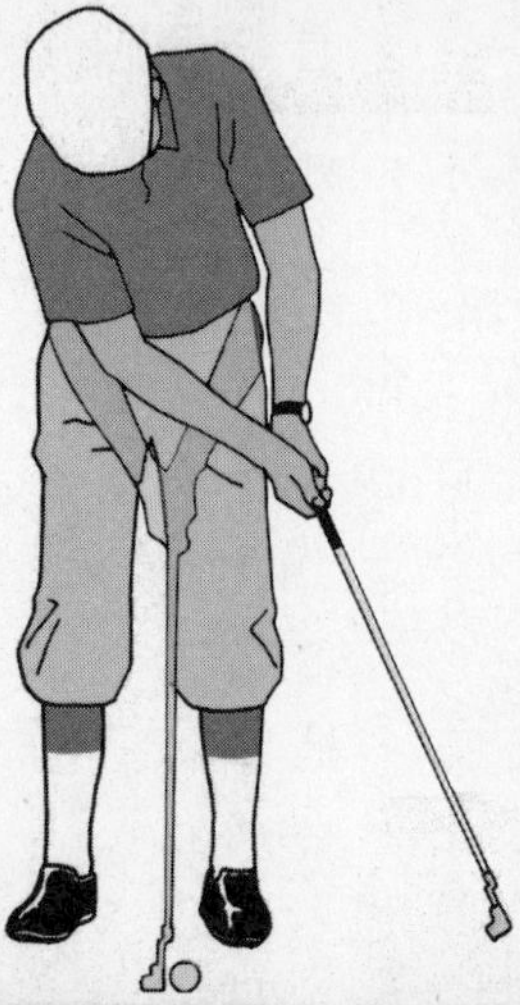

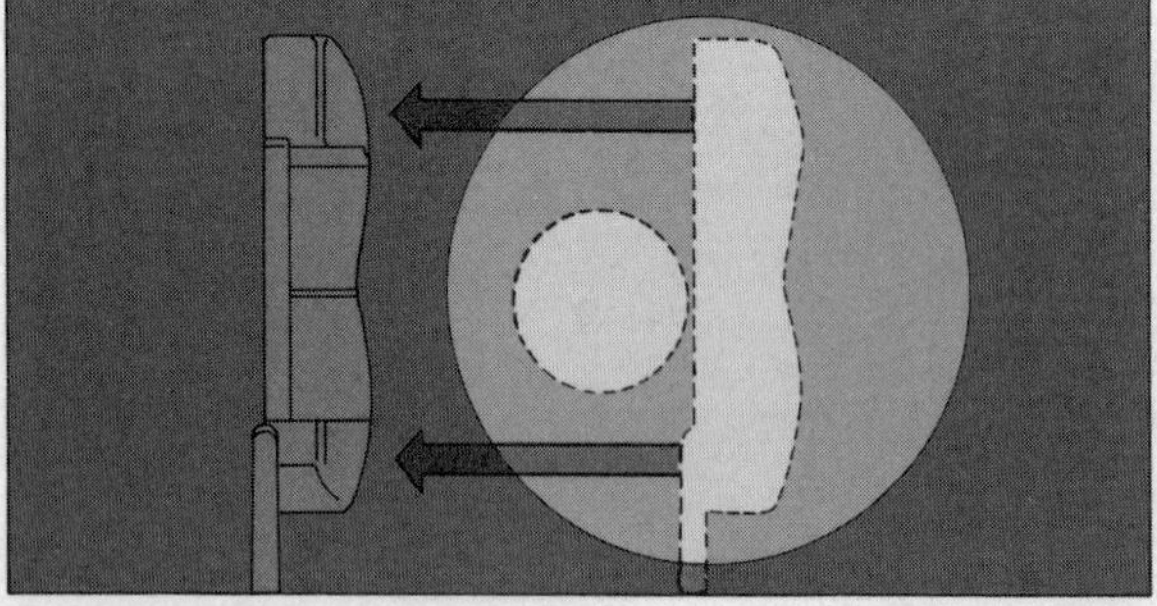

「ドライバーの1打もパットの1打も1打は1打」と昔から言われる。だから何としてもパット数を減らしてスコアを縮めたい。ところが、そうならないのが我々アマチュアの頭が痛いところ。ではどうすればパット数が縮められるかといえば、まずはショートパットを外さないことだ。

ロングパットを寄せたいと思っても実戦経験が少なければ、そうは簡単にカップには寄らない。1m以上のセカンドパットが残ることも多かろう。でもそれを沈めることができれば、ファーストパットで寄らなかったことなどどこ吹く風だ。では、そのショートパットをどうやって入れるか。

パットの名手でメジャーを次々に制した今は亡きペイン・スチュワートは次の方法をとっていた。

「ボールをマークして拾い上げたら、プレースし直すわけだけど、そのときボールに付けられたブランド名を上に向けるんだ。パットに入るときはブランド名をジッと見ながら、ゆっくり真後ろにパターヘッドを引いていく。そのままソフトにボールを押し出す感覚でインパクトするんだ」

さらにペインは続ける。

「一番大切なのはそのあと。アマチュアはついボールの行方を追ってしまうけど、結局それがヘッドアップにつながるんだ。だから、僕は打ち終わったあとも、しばらくはボールのあったところを見ている。ブランド名を見ていたのはボールの残像を頭の中に残しておくためなんだ。これなら頭は動かない」

打った後もボールの置いてあったグリーンを見続けているということが、ペインのパッティングのキーポイントだったのだ。

パッティング編 70

左腰をロックさせれば、方向性に一日の長

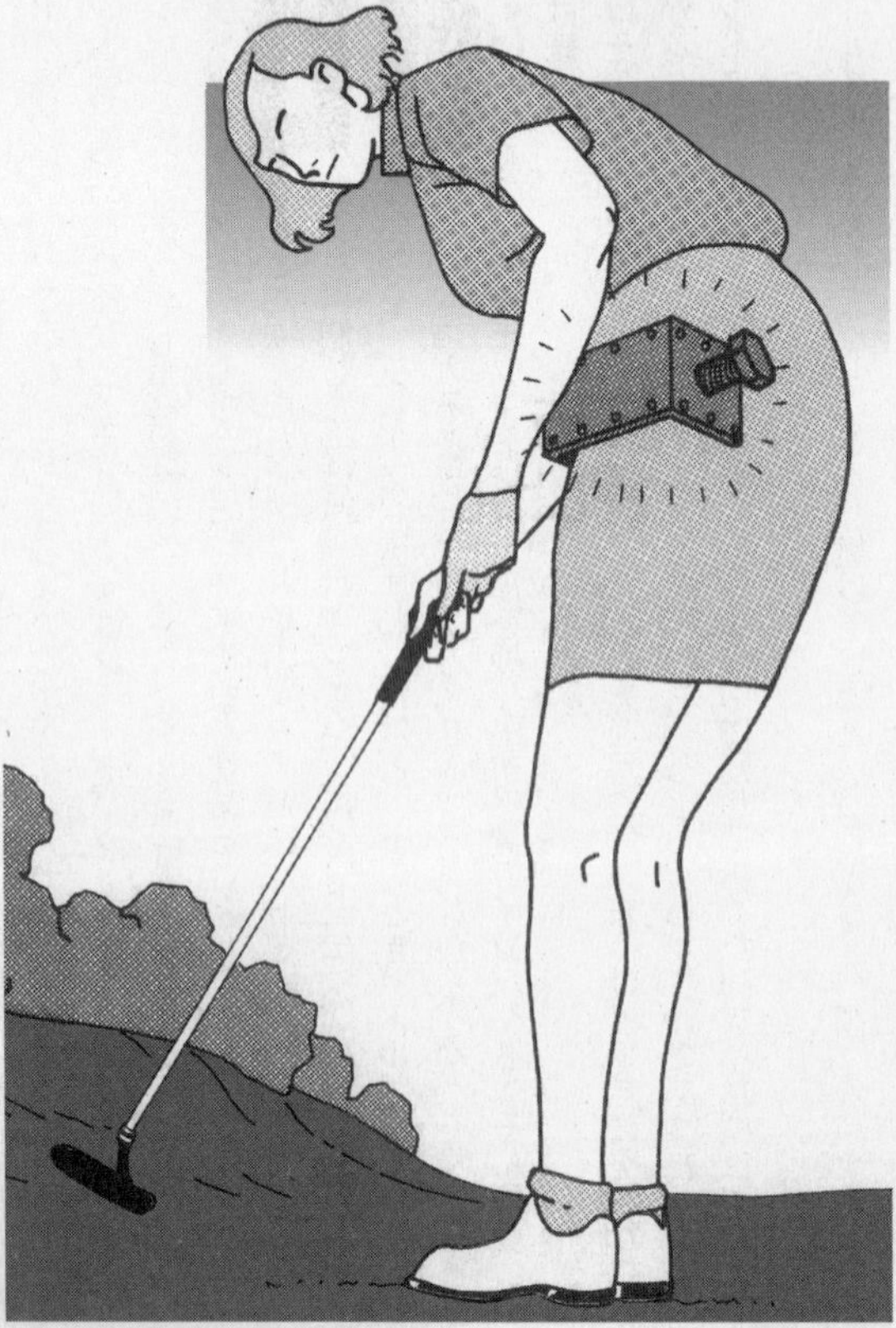

体の回転運動、いわゆるボディターンが生み出すスイングでは、首筋から背骨を通る線という基準となる軸が存在する。だからその軸を中心にしたターンというアクションの過程でボールをヒットすればよい。だがパットでは誰もが共通に基準にすることができる、最大公約数的な体の部分がわかりにくい。左目でボールを見る人もいれば右目で見る人もいるし、真上から見る人もいればそうでない人もいる。両腕の振り子運動で打つ人もいれば手首で打つ人も、といった具合なのだ。

ところが1つだけ、どの打ち方で打っても決してその動きに大きな差が現れない体の部分がある。それは腰である。特にパットの名手といわれているゴルファーは、カップの方向に向く腰の部分(右利きなら左腰)がガッチリとロックされているのだ。

これは右から左(左から右)に流れるパタースイングには直接影響をするものではない。むしろ影響するのはボールの方向性である。カップの方向にしっかり腰が向いてロックされていれば、パターフェースはラインと直角に、しかもナチュラルに出すことができる。従ってイメージの中では腰にガッシリと〝コの字〟型の鍵がはまっており、それから真っ直ぐ伸びる棒がカップの多少右(または左)にある想像上のピンにつながっている、という考え方をするといいだろう。ここでピンの多少右(または左)というのは、自分の立ち位置からボールまでは若干の距離があるためだ。

この腰のロックを完璧にすれば、あとはボールの距離感オンリーに集中できる。パットでは多くのことを一度に、しかも即座に判断する力を要求される。1つだけでも基準にできる〝決め事〟があればその要求は1つ減る。だからその分、他のアジャストが余裕を持ってできるというわけだ。

パッティング編 71

小さいテークバックから、大きく押し出して芯に当てる

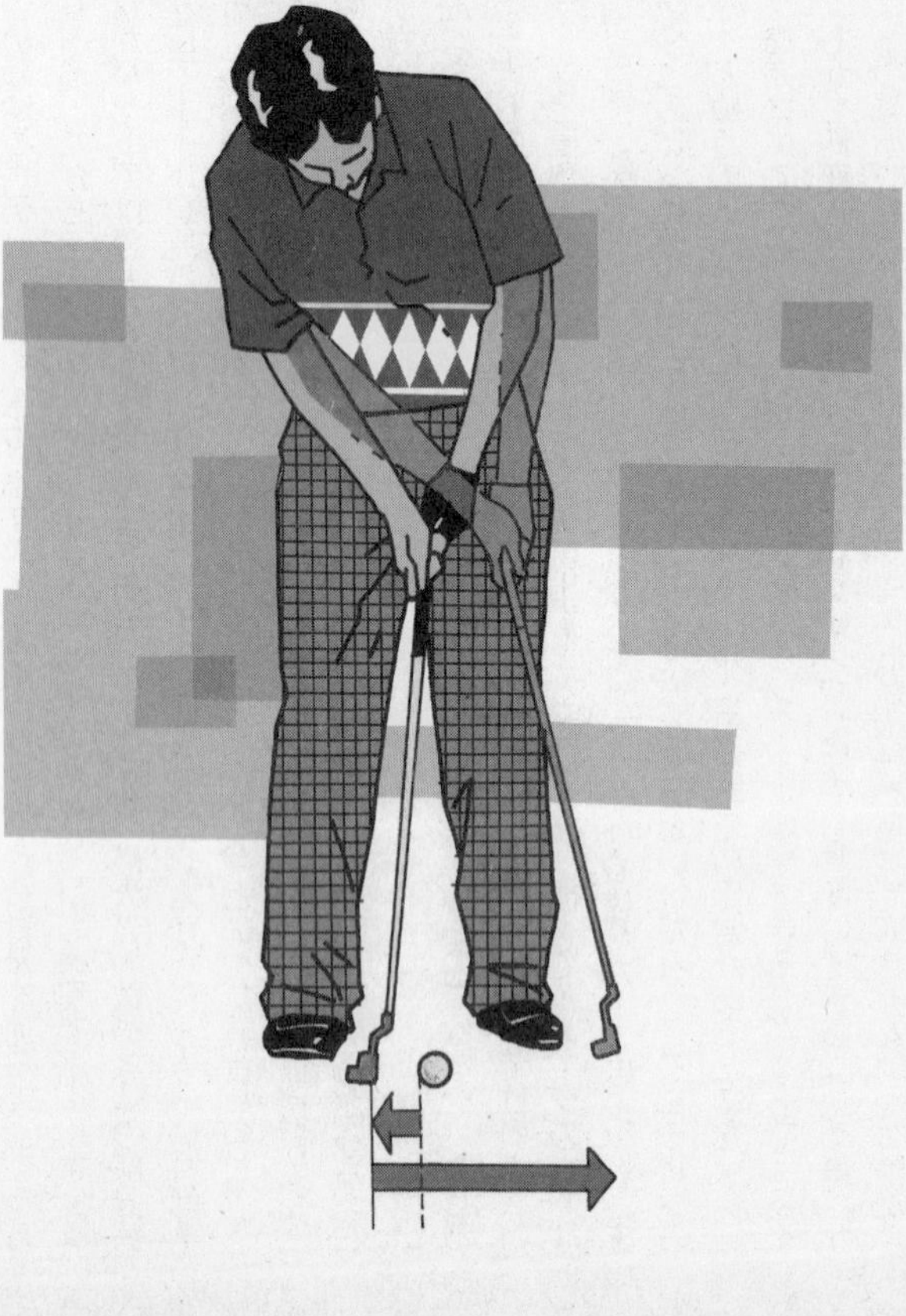

タイガー・ウッズのピン型パター、石川遼のL字パター、宮里藍のマレット型パターなど、パターにはいろいろな種類があり、その中から一番打ちやすいと思う自分に合ったパターを選ぶことができる。もちろんその種類の多さに比例して、打ち方もたくさんあるわけで、それが個性的なパッティングを生み出していることにつながっている。

だが、どのパターにも使えるオールマイティなヒッティング法だってないわけではない。ここでは打ち方の一番基本となる〝押し出す〟パットの王道を披露しよう。最もこの方法はグリップをきちんと固めて、肩と腕が作る三角形または五角形を崩さないような打法においてこそ有効である。

この打法をひと言で説明すると、「テークバックを小さくすれば、せっかく芯にセットしたフェースがぶれることが少ないということになる。だが逆にテークバックの大きさで強さを左右することができないという弊害も出てくる。

そこで第2のコツだ。それはインパクトで決して力を抜かないこと。力を抜かなければブレードが真っ直ぐ出やすくなるのだ。そして第3のコツはゆったりと大きなフォロースルーをとること。そうすることで球足の良いボールを生むことができる。打つ、というよりもパターで運ぶという感覚でボールにタッチするからコントロールがつきやすいという利点もある。

距離の合わせ方はフォローでやるようにする。押し出す力をコントロールしてやるわけだ。打つときはあまりテークバックを早くしないように。早過ぎるとインパクトまでで終わってしまいがち、いわゆるタップ式の打ち方になってしまう。ゆっくり引いてグーンとフォローという感じだ。

パッティング編 72

フックラインは左目で、スライスラインは右目で追う

パッティングには大きく分けて3つのラインが存在する。1つはストレート。言うまでもなく、カップに向かって真っ直ぐボールを転がせば、あとは強さ加減だけでOKというもの。2つめスライスライン。ボールが緩く右に曲がる可能性のあるライン。目標はカップの左ということになる。そして3つめがフックラインでスライスラインの裏返しの感じでボールが転がっていくものだ。ストレートに関しては特に問題はないと思うが、スライスやフックとなると少々勝手が違ってくる。だからこれらの難しさを少しでも克服できるパッティングメソッドがあればまさしく〝渡りに船〟。そしてそのメソッドが実はちゃんとあるのである。

結論から言えばスライスラインは右目で、フックラインは左目でボール追うようにする。ということになる。その原理はこうだ。スライスラインでは自然と体が前（左側）に出やすくなるのでそれを防ぐ意味で右目で追うようにする。逆にフックラインではボールを右目で追おうとするとパターのヘッドが引っかかりやすくなってしまう。そのため今度は左目で追ってやるようにするのだ。

またスタンスにも工夫を加えるとそのメソッドが一層増幅される。スライスラインのときは少し狭くし、ややオープンに立つ。フックラインのときはこの逆だ。さらに打ち方は、スライスは打つというよりスーッと流してやる感じが好ましい。一方フックラインは多少強めにヒットしてやるとよい。カップの近くではスライスラインは下り目になり、フックラインは上り目になるからだ。ボールの位置はスライスラインのときだけいつもより1個分内側にしてみよう。これも体の突っ込みを防ぐ一翼を担うことになる。フックラインではこの逆をとってみてもいい。

MIND&HEAD
CONTROL

PART 6

心と頭脳編

心と頭脳編 73

迷ったときは、大きめのクラブを選んでショット!!

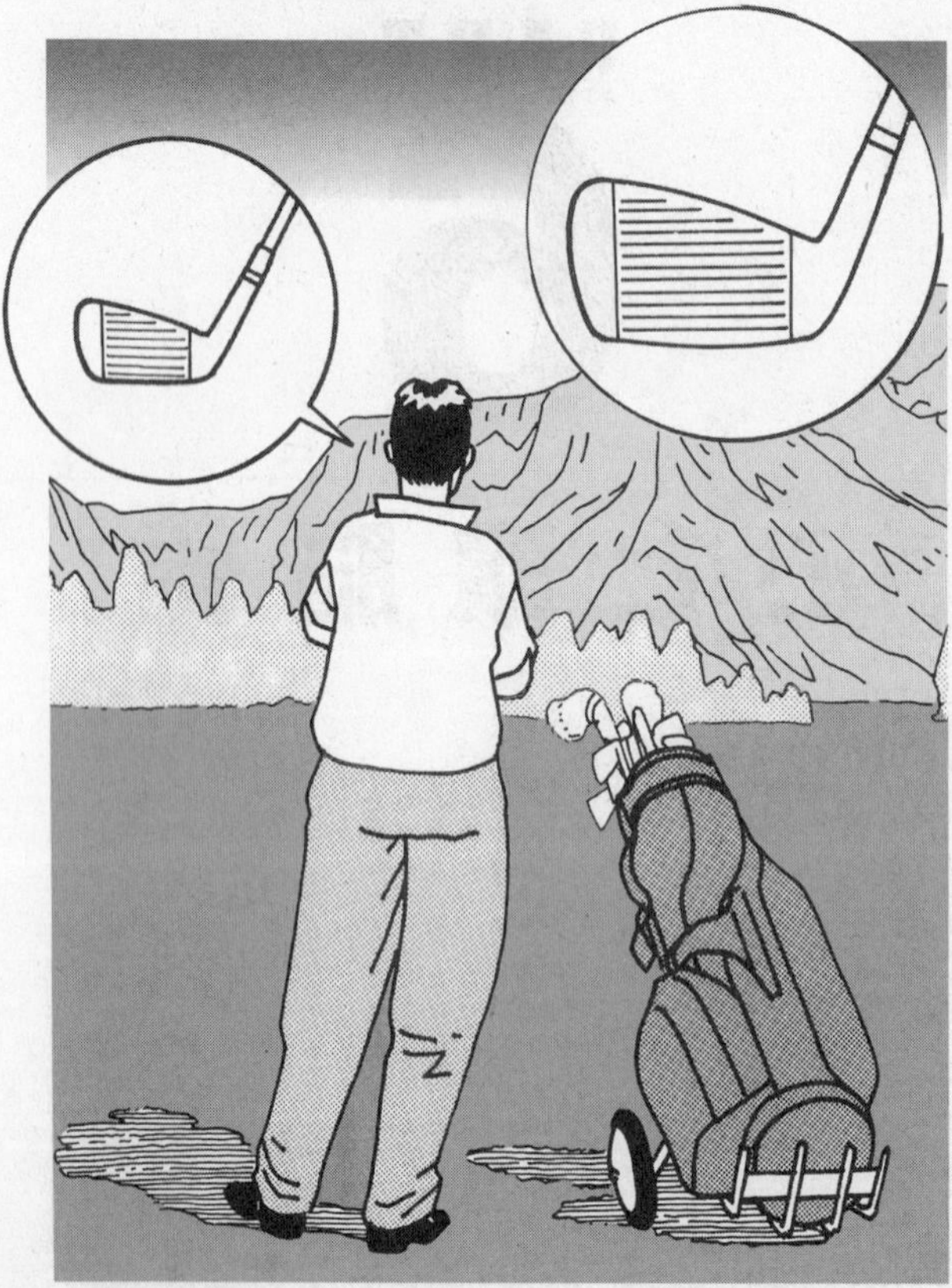

考えてみればゴルフは常に迷いを招くスポーツといえるかもしれない。風の強さによってドライバーかスプーンか迷ったり、フェアウェイの広さによってどのクラブを使うか迷うのは日常茶飯事だ。だが、何といっても一番迷うケースが多いのは、ショートホールやアプローチでグリーンを狙うときではないだろうか。ここで、そのときの状況をちょっと思い起こしていただきたい。

どうだろう? 大抵の人がショートして、グリーン手前のバンカーやラフにつかまった。また、花道ではあるものの完璧にショートという苦い経験をしているのではないだろうか。ではその原因は何だろう? クラブ選択の誤り。もちろんそれも大きな一因だ。だが、その一言で片付けてしまっては、進歩は望めない。それに加えて自分の打ち方を顧みて欲しいのだ。

このようなシチュエーションに直面したときには、その距離をデッドに狙えるクラブで力一杯スイングする、という人が多いだろう。要するに手にしたクラブに究極の距離を求めるわけである。だが、アマチュアがそれぞれのクラブでいつも完璧に打てるかといえばそれは無理というものだ。

そこで身につけて欲しいのが、フルスイングではなく柔らかく打つこと。それができれば迷うことなく大きめのクラブを選ぶことができる。大きめのクラブで楽々スイングできれば、究極の距離を求める必要はない。「グッドショットを打たなければ」というプレッシャーからも解放される。

かのボビー・ジョーンズも「いつも適当と思えるより大きめのクラブを持って柔らかく打つようにした」と語っている。プレッシャーがかからなければ当然リラックスしたショットを打てる。おのずと成功率もアップするわけだ。迷ったら大きめのクラブを選んで悔しい思いにオサラバしよう。

心と頭脳編 74

メンタルコントロールのポイントは"我慢"にあり！

スコアをよくするには、テクニックよりもメンタルを強化しなければいけないと指摘するのは水巻善典。

「ゴルフは野球などのスポーツとは違って、一発勝負でドカーンとスコアがよくなったりはしないよね。1ホール、1ホールの打数を節約した上でのスコアの積み重ねがものをいうわけだよね。だから、このゴルフの特徴がわかれば、どんなことが必要になってくるかは自然とわかるはず。そう、一歩一歩を確実にやっていくゴルフには、〝我慢〟が一番大切なんだ」

〝我慢〟と言われて、「エッ」と耳を疑った人もいることだろう。しかし、プロのトーナメントを見ていると、「緊張の糸が切れてしまいましたね」なんて解説者の言葉を耳にする。緊張の糸＝我慢である。

「ゴルフはミスのゲーム」ともよく言われる。プロとて18ホールを回って、完璧なショットはほとんどないという。つまりはミスをしても、いかにめげずに粘り強くプレーするかがスコアメイクの鍵というわけだ。粘っている間にショットがよくなってくるということは本当によくある出来事。だから天下の名手である青木功も「我慢」を座右の銘に掲げる。そして、我々アマチュアが大叩きをするのは。この〝我慢〟がしきれなくなった結果なのは明白である。

水巻は真剣な顔で言う。

「メンタルコントロールなんて言うけど、簡単に言ってしまえば、どれだけ我慢できるかってこと。スコアメイクの第1のポイントは〝我慢〟だよ」

心と頭脳編 75

マイナス思考ではなく、プラス思考でプレーする

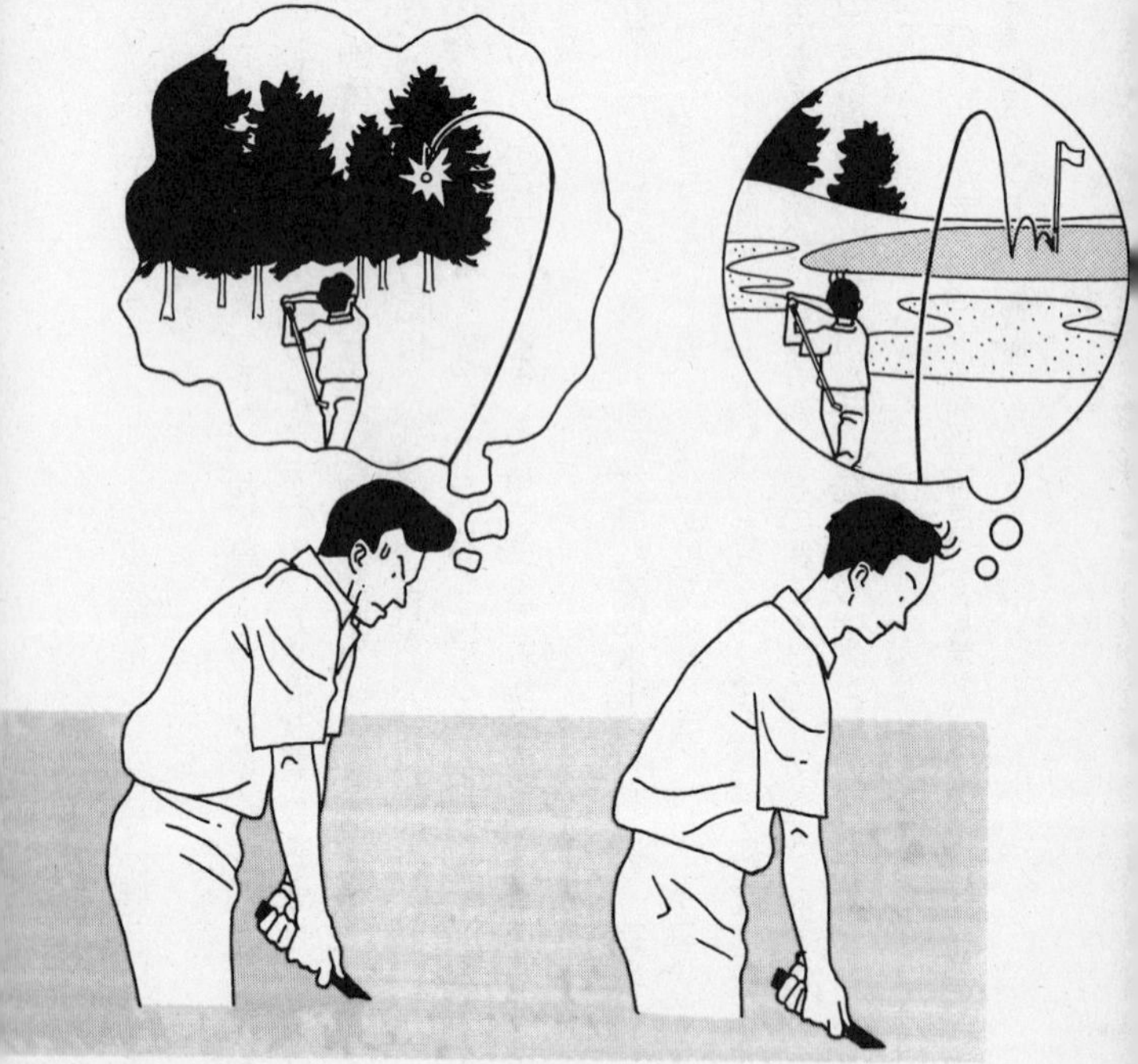

「ゴルフはミスのゲーム」と言われるほど、プロでも完璧にコースを攻略できるということは少ない。故にどうしても打つ前にミスが出るのではないかという不安に襲われる。ショットが曲がるのではないか、ダフりやトップが出るのではないか。狭いホールやOBや池などの障害物が目立つホールでは尚さらそうしたマイナス思考に陥りやすい。

しかし、マイナス思考は1つもいいことを生みはしない。それよりも不安が持ち上がった時点でもはやミスショットするのは当然ということにもなってしまう。だからマイナス思考が出たら、しっかりとプラス思考に変えること。

ミスが出そうと思ったら、そのミスが出ないためのポイントを思い浮かべて素振りをする。グリップやアドレスを再チェックし、スイング軌道も描いて、実際に素振りを行う。そうして、「必ずナイスショットになる」と固く念じてから打つのだ。ボールに向かって構えたら、軽くワッグルしてすぐに打つ。考える間を自分に与えないで打つことだ。

さらに付け加えれば、ゴルフでは絶えずプレッシャーがかかるわけだから、自分に余裕を与えるためにも無理はしない。苦手イメージのあるホールや状況では、練習したことの少ないクラブは使わない、ミスがよく出るクラブは使わない、得意なクラブだけで打つ。狭いところは狙わず、広いところを狙う。ピンを狙ったりグリーンを狙ったりするのが危険なら、グリーンまで届かないクラブで打てばいい。敢えてパーオンをせずにボギーオン狙いで固くボギーを取ればいい。今行おうとしていることが無理していないと確信を持てるプレーをしていくことだ。

心と頭脳編 76

ロングアイアンを使えば、トラブルを克服できる

トラブルに直面したとき、クラブ選びはセオリー通りというわけにはいかない。例えば距離は完璧に7番以下だが、場所は林の中、とはいえ、グリーンまでは障害物がなく、どうしてもここは狙いたいという状況のときだ。

邪魔になっているのは木から茂り出している枝だけということになる。そうなると当然打ち上げてグリーンに運ぶというのは考えづらい。こんなときにあなたならどうするだろうか？　とりあえずフェアウェイに出していい位置からピンを狙い直すだろうか。もちろんこれは手堅い作戦だし文句のつけようはない。だが、ここではグリーンまでの間に池やバンカーがないということに注目して欲しい。そう、要するに転がせばグリーンに乗る可能性だってあるということなのだ。

こんなとき、頼りになるのはロングアイアン。バックスイングを小さくしてボールにスクエアに当てて低い弾道の球を打ち、ランが多く出るボールを生み出すことができるから。フルスイングするわけではないのでボールに当てることもさほど難しくはない。もし、ミスショットをしてもよほどのことがない限り、現在の状況を悪化させることはないはずだ。

ゴルフでは全部で14本のクラブを使うことが許されている。だが1日のラウンドで14本のクラブを全部使う人はまずいないはずだ。そのせいもあってロングアイアンは、長い距離のときに使うもの、という固定観念を持っている人が多い。しかしそれは間違い。グリーン以外だったらどこでどのクラブを使ってもまったくおとがめはない。それぞれの特性を生かしたクラブの使い方ができれば5ストロークくらいは縮められるかもしれない。柔らか頭はゴルフには大きな武器なのである。

心と頭脳編 77

ミスはミスと切り捨てて、トラブル脱出に全力を傾ける

ゴルフではトラブルが付き物。それも思ってもいないところにボールが飛んで行ったときには慌てないほうがおかしい。大スライスやダックフック、シャンクなどが出たときは誰だって気が動転してしまうだろう。「冷静になれ！」と自分に言い聞かせても、さらにミスが出ればもはや頭の中は真っ白のパニック状態になる。

しかし、プロや上級者は、そうした予想だにしないショットが出ても慌てない。必ず次にはナイスショットして、悪くてもダボ、普通ならボギーに収めてしまう。もちろん、リカバリーショットを決めてナイスパーにしてしまうことだってある。我々ならダブルパーなどの大叩きになるところを上手く収めてしまうわけだ。

ではプロや上級者はどこが我々と異なるのだろう。彼らはミスをしても、「やってしまったことはどうしようもない。時間は戻せない」と、ミスはミスと切り捨てて次のショットに全精力を傾ける。ミスが続かないように次の1打に集中するわけだ。

アマチュアなら奇跡的なリカバリーショットは望まずに、ミスしたのだから1打罰は仕方ないと、林なら前が開けているところへ清く出せばいい。バンカーなら出すだけに徹する。そうして、一度、元に戻してから再びコースを攻めていくのだ。そう、「リセットする」ことが肝心なのである。

さらに言えば、トラブルもよい経験をしたと思える余裕が欲しい。というか、トラブル中に「自分は滅多にないよい経験をしている」と思うことだ。実はプロや上級者もトラブルの経験をたくさんしてきたからこそパニックには陥らない。マイナス思考を辞めてプラス思考にすることなのだ。

心と頭脳編 78

ゴルファーの頭上には、常に剣がぶら下がっている……

ストロークプレーの心理的圧迫は誰しもが経験することである。難しいホールでは意に反してボールが左右に飛び、1ホールで2ケタのスコアを記録してしまうことも我々アマチュアにはままあることだ。このような状況は、あたかも綱渡りをしているようなもの。1つ間違えれば奈落の底に落ちてしまう。英国では「ゴルフをプレーしている者は、常に頭の上から剣をぶら下げられているようなものだ」などという言いまわしを使って、ゴルファーの心理状態を形容しているが、プレッシャーをいかにして跳ね返すかがゴルフの、延いてはストロークプレーの課題となるわけだ。

つまりこうだ。たとえ大叩きをしてしたとしても、マッチプレーならばそのホールだけが相手に敗れるだけで済む。先のホールで挽回すれば失敗を取り返すこともできる。だが、ストロークプレーではそれは不可能。2ケタを叩いてしまえば自分のスコアに大きな支障をきたすばかりか、心の中にバリウムのようなドロドロした嫌な感じを残してしまう。その後のプレーに影響を及ぼす。

そのように勝つためには慎重にプレーすることが必要になるが、かと言って慎重になるあまり思い切ったプレーができずに終わってしまっては全然楽しくない。

そこで提案したいのがスタート前にスコアカードを書き換えることだ。つまりパー4をパー5やパー6に、パー5をパー6として自分なりのパーを作り、それに沿ったゴルフをしていくことだ。そして自分との戦いに挑むのである。人のスコアを気にしないで黙々と自分のゴルフを展開していけば余裕も生まれるし、自分のペースをつかむことができる。プロゴルファーでも雨や風などでコンディションが悪いときはこの方法でゲームを運ぶことがあるのだ。

心と頭脳編 79

好きなコースもあれば、嫌いなコースもある

オーバーラッピンググリップの創始者として有名な英国のプロ、ハリー・バードン。彼は歴史を誇る全英オープンで6回も優勝したことがあるという偉大なプレーヤーである。J・H・テイラー、ジェームズ・ブレイドとともに3強と呼ばれ、その3人で1890年からの20年間に全英オープン15回（1915〜19年は中止）の優勝を成し遂げている。ところがである。6回の優勝を誇るバードンは、セントアンドリュースでの勝利が一度もない。計4回もかのコースでプレーしているのにである。一方、テイラーとブレイドはおのおの2回ずつ優勝をさらっている。

なぜこんなエピソードを持ち出したかというと、人には合うコースと合わないコースがあるということなのだ。つまり相性の悪いコースがあっても当然なのである。アメリカのようにいかにも人間の手で造られたというコースに向くプレーヤーもいればイギリスのリンクスのような、ほとんど原野といってもいいようなコースが大好きな人だっている。もちろんそれを克服していくのが真のゴルファーである。それにゴルフを楽しむならば、多少の苦手があっても最初のうちは無視するくらいの気持ちでコースに挑むほうがいいだろう。

イギリスにはこのことを競馬に引っかけた、「コースに合った馬がいるなら、コースに合ったゴルファーもいる」という諺もある。

しかし、我々アマチュアが悪いスコアをいつでもコースのせいにするのは不届き千万!!　だから常に謙虚な姿勢でプレーすることだけは忘れないようにしよう。できるだけ苦手なコースは作らないほうがいいに決まっているのだから。

心と頭脳編 80

ドッグレッグホールは
グリーンからショットを考える

我々アマチュアがコース攻略を考える場合、どうしてもティグラウンドから行うことが多いだろう。ティショットをどこに打てば次にグリーンを狙いやすいか、さらにそこからどう打てばグリーンに乗りやすいかと考えていく。しかしこの場合、ティショットはほとんどドライバーを使い、セカンドショットはピンまでの残り距離を打てるクラブになってしまうだろう。だが、これでは絶えず危険が伴う攻め方をしていると言ってもいい。プロや上級者はグリーンからショットを考えていく。特にドッグレッグホールではグリーンから考えれば上手く攻めていけるのだ。

つまり、グリーンのカップからスタートして、パッティングしやすいところはグリーンのどこか。そこにアプローチするには3打目、2打目をどこに運べばいいのかという具合に考えるわけだ。なぜならば、ドッグレッグのホールでは基本的にティグラウンドからグリーンを確認することはできない。だからこそ、グリーンからのショットをイメージして打つことが重要になるのだ。

初めてのラウンドならばホール図を見ながら、グリーンから考えていく。特に2打目をどこから打てばグリーンに乗りやすいか。自分の得意な距離、危険の少ないアングルを考えてそのポイントを決める。そうすればそこに打つためには何のクラブをティグラウンドで使えばいいかもわかってくるのだ。となれば、ティショットで使うクラブがドライバーではなくなることも多いだろう。

そして、ホールアウトしたら、必ず後ろを振り返ること。振り返ってみて、自分の攻略ルートが正しかったかを確認するのだ。そうすれば、次に同じコースを回ったときにさらに上手く攻めることができるだろう。

心と頭脳編 81

体が回転するとボールが遠くへ行ってしまう?!

「ゴルフはメンタルゲームである」と言われる。自分の前に現れる様々な状況、例えば、スライスが出ないかダフらないか、バンカーから出ないんじゃないか、などといった心理的なプレッシャーがスムーズなゲーム運びを妨げてしまうことがよくあるからだ。そしてこの心理的プレッシャーとは、言い換えれば恐怖心。次で紹介するのもそうした恐怖心が支配して起こる失敗例だ。

それはスイングに関してのものなのだが、元々スイングとは、体の回転運動によって成されるもの。スイングと回転運動とは同義語といってもいいくらい切っても切れない関係だ。だが、これがなかなか思うようにいかない人が多い。要するに体が上手く回転せずスエーしてしまうのだ。もちろん人によって体の硬い人、柔らかい人といるから、その回転には多少の差は出てくると思う。しかし、基本的にスイングは回転運動であるということに変わりはない。

この回転運動が上手くいかないのはもちろん回転のこともあるが、心理面でも大きな影響を与えていることがある。それは体を回せば回すほどボールから遠ざかる、という勘違いをしてしまいやすいことだ。特にビギナーはこの感覚に支配されやすい。その結果としてバックスイングで左肩を落とすだけの〝似非テークバック〟などが現れたりする。これは冷静に考えてみれば何でもないことである。つまり体を回転させたところで自分の位置とボールとの距離が変わってしまうわけではない。この感覚を頭の中に入れておくだけでもスエーに悩んでいる人には効果的だ。

止まっているボールは決して1人でに動き出したりはしない。安心してボディターンをすることがシュアなスイングを生むメンタルメソッドというわけである。

心と頭脳編 82

詩人のような気質は、ゴルファーにとって一番の大敵

「メンタルピクチャー」という言葉がある。簡単に言えば、これはゴルファーが打つ前に自分の心の中に描くボールの飛球線のイメージということになる。これを念頭にスイングすると、プレーやフォームの矯正などに役立つとされ、昔から多くの人たちが実行している。

だが、これもイメージの仕方を誤るととんでもない陥穽《かんせい》にひっかかることになる。つまり詩人のようなロマンチストの気質というか、いつも夢を追っているかのような理想主義的な気質は、ゴルフをする上で最大の敵になってしまうということなのだ。

どういうことかというと、このような人はとても想像力に富んでいる反面、空想的であり情緒的であるため、自分の総力を無視したメンタルピクチャーを描いてしまいがちになるということなのだ。絶対不可能なロングドライブや、リカバリーショットを思い切り空想してしまう。このようなメンタルピクチャーは、堅実なショットを阻害し、上達を阻むことになってしまうのだ。

メンタルピクチャーは、自分の能力に合ったものを空想して初めて効果的なものとなる。そのためには、その礎となるパターンを普段から持っていることが必要だ。自分が最も上手くいったドライバーショットやアイアンショット。納得いく結果が出たアプローチショットのイメージを頭に焼き付けておきたい。その際、飛んだボールのイメージだけではなく、自分のスイングフォームのイメージも覚えておき、その都度再現していくようにするのがよい。

タイガー・ウッズや石川遼のスイングを学ぶのはいいが、そのボールやイメージを自分に重ね合わせるのは危険である。スイングや弾道はあくまで自分のそれを心象風景として描いて欲しい。

心と頭脳編 83

「急がば回れ!」、ドッグレッグでは ショートカットは狙わない

ドッグレッグホールにやってきたとき、ティグラウンドで思うことは何だろうか？
「曲がり角を狙って上手くショートカットできたら、セカンドの距離が短くなってバーディが奪えるかも」

誰でもそんな欲がむくむくと涌き出てくるに違いない。そしてその結果はといえば、曲がり角よりもっと曲がって林の中、上手く当たらずに曲がり角の手前に飛んで、グリーンを狙えない。それなのに最初に抱いた欲を押さえられずに無理をしてダボやトリを叩くケースもあるだろう。実際、アマチュアの多くはドッグレッグホールで大叩きというケースは少なくないのだ。

「急がば回れ！」。ドッグレッグではあえてショートカットは狙わず、曲がり角とは逆の広いエリアを狙うのだ。そうすれば多少のミスショットが出てもグリーンを狙える。そう、遠回りこそ、大叩きの危険を回避してパーが取れるというわけだ。

しかもロングホールのドッグレッグでは絶対と言っていいほど、遠回りをすべき。なぜならロングホールと聞くだけで飛ばしたいという思いが強くなる。その思いは力みを生み、ショットのミスを招きやすい。それなのにショートカットを狙っては益々プレッシャーがかかってしまう。ショートカットしたい、飛ばしたいの2倍の欲は、2倍のプレッシャーとなって大叩きを生み出す。

ゴルフでは欲が出たら、その欲とは逆のことをする。それが上手くプレーするコツだ。飛ばしたい思ったら飛ばさない。ロングホールは飛ばさなくても楽にパーオンできる可能性が高い。ならば、ドッグレッグなら余計に遠回りをすべし。パーの金貨は欲を減らした分だけもらえるのだ。

心と頭脳編 84

ゴルフは体力でありメンタルであり、ヘッドワークである

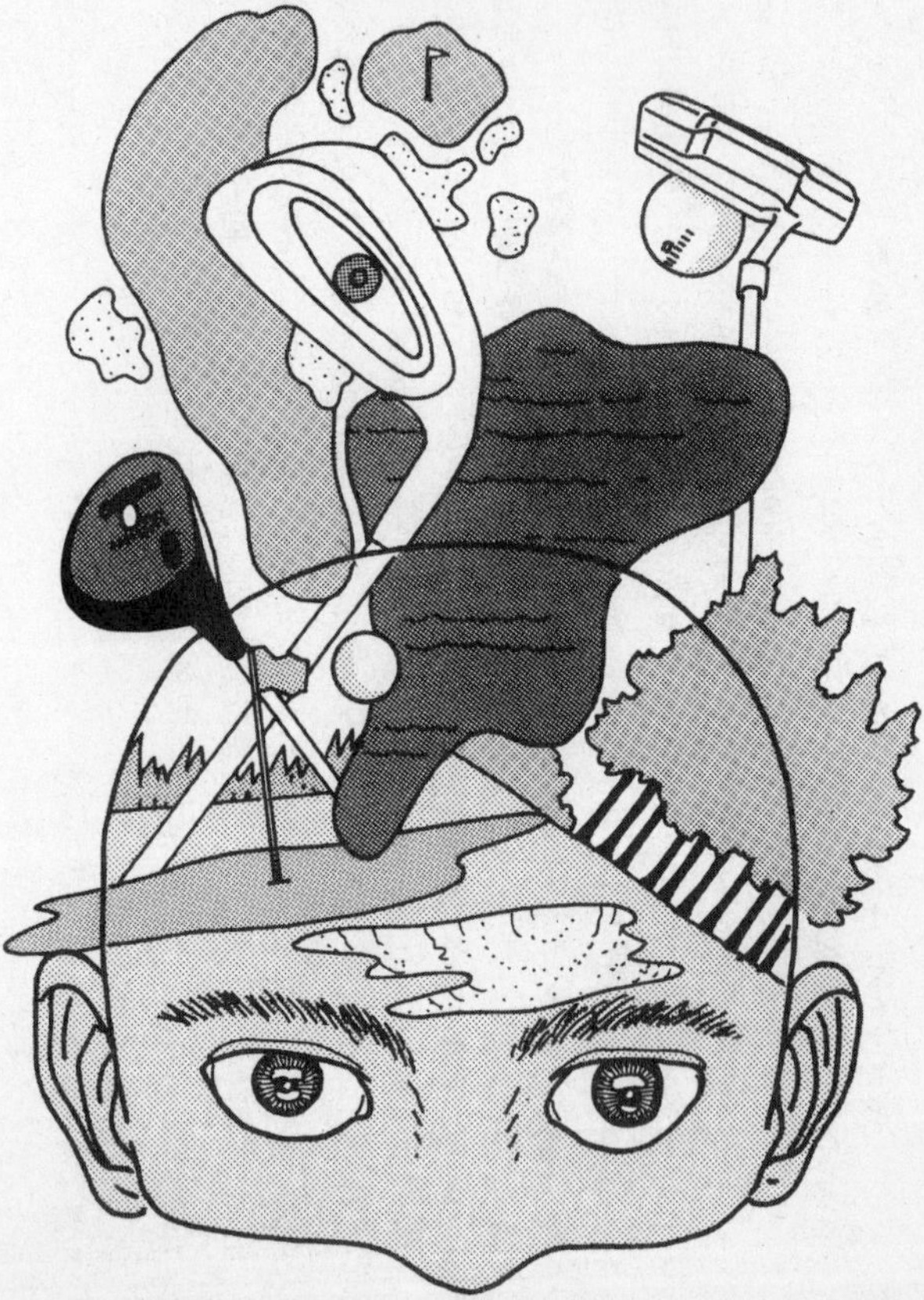

スポーツはすべて勝ち負けを競うものだ。もちろんゴルフだってそうだ。相手よりよいスコアで上がれば勝ちである。だが、ゴルフが他のスポーツとひと味違うのは、直接の相手が人間ではなくコースであり、自分であるという点。そのことを考えてみれば、ゴルフにレフリーがいないことも頷けよう。そしてその最大の強敵であるコースに勝つために必要なのがヘッドワークになる。

我々アマチュアゴルファーは、ともするとグッドショットを打つことにこだわりすぎて、プロも真っ青な位置からグリーンを狙ったり、遠くへ飛ばすことだけを考えて力の入ったスイングをしてしまいがち。それもコースの地形や障害物を無視してやってしまうから結果的には自ら破綻をきたすことになる。

一方、プロやシングルさんは、自分の能力を正確につかみ、それに合わせてコースマネジメントを組み立てていく。その攻め方はあくまで合理的である。年輩の人で決してパワーがあるわけではないのに素晴らしいスコアでラウンドしてくる人がいるが、このような人たちはインサイドワークに一日の長があるのだ。

このことに関してトミー・アーマーは、「頭を使わないショットはゴルフでは罪悪に等しい。そして驚くべきことにこのようなことをする人は、コース外ではとても頭のいい人たちなのだ」と厳しい意見を述べ、コース戦略を含めた、〝頭でするゴルフ〟の重要性を説いている。

また一説には、同じ力を持つ2人のプレーヤーを比べたときに、頭を使うのと使わないのでは、1ホールにつき約6ストロークの差ができるだろう、というものもあるくらいだ。

心と頭脳編 85

「風を読む！」。風の通り道、向き、強さを読む

ゴルフは風があるから面白いし難しい。目標までの距離を把握したら、風がどれほどボールに影響するかを考えられなければコースは攻められない。では、風はどのように計算したらよいだろう。

風が吹いていたときに真っ先に確かめるのが、風の通り道だ。一般的に、風は、高いものと高いものの間を吹き抜けていく。山と山の間、高い木と高い木の間などが、風の通り道と考えられる。故にこの法則を知っていれば、ボールの飛球線上を、この風の通り道が横切っているときも計算して打てる。たとえティグラウンド上で風を感じなかったとしても、「木や丘の切れ目の辺りで、風の影響を受けるな」と判断できるわけだ。これはドライバーショット以上に、ショートホールでのアイアンショットで思いもしない風に流されるといったことを防ぎ、上手くグリーンに乗せることもできようというものだ。

また、グリーン上の旗にはいつも気をつけなければならない。旗がなびいていたら、グリーン上は確実に風がある。では、ティグラウンドとグリーン上で、風の向きが違っていた場合、どちらにウェイトを置いて、風を計算したらよいか？　これは、あくまでもグリーン上の風を重視する。なぜならボールの勢いはティグラウンドに近いほうが強く、ピンに近いほうが弱いから。つまり、勢いが弱いボールのほうが、風の影響を受けやすいのだ。

風を読むと言っても、一体どのくらいの風が吹けば、どのくらいの飛距離が違ってくるのか。これはピンフラッグのなびく度合いで判断するのが、一番わかりやすい。ピンフラッグがパタパタとなびいたのなら、2番手違うと判断してクラブを選択するといいだろう。

心と頭脳編 86

ゴルフにアップテンポと強過ぎるグリップは禁物

常にリラックスしてプレーできる。まさしくこれは全ゴルファーの夢である。ショットにしてもパッティングにしても、肩に力の入らないリラクゼーションスイングができれば必ず結果はいいものに結びつく。

ではなぜリラックスして打てないのだろうか？　練習不足だから、難しいコースを前にして緊張してしまうからなど様々な理由があるはずだ。だが、どんなときでも一番大切なのは、自分が今緊張し過ぎていないかどうかに気づくことだ。これは簡単なようでいてなかなか難しい。いわゆる頭がカーッとなった状態になってしまっているから、自分の有様を顧みる余裕がまったくないのだ。そこで常に最低限、ここにだけは気を配って欲しいというチェックポイントを教えよう。

1つはグリップ。体がコチコチになっている状態をいち早く伝えてくれるのがこのグリップだ。問題はその握りの強さ。緊張しているときほどグリップに余計な力が入り、いつもよりギュッと握っていたりするものだ。スイングやパットの前にはいつも気にかけるくらいの余裕が欲しい。

もう1つは歩き方（ペース）。ミスショットをしたわけでもないのに、セカセカと歩いていないかどうかを確かめてみよう。もし、アッと気づくことがあれば、もうその時点でゆとりが生まれ、次のショットは必ずいいものになるだろう。いつも自分のペースで歩くことが、リズミカルなプレーにつながる。つまりテンポのいいプレーができるわけだ。

この2点をチェックしただけでも、肩に力の入らないリズミカルなプレーができるようになるはずだ。リラクゼーションとリズミカルなテンポ。ぜひ心がけて欲しいものだ。

心と頭脳編 87

アドレスで邪念が生じたら、もう一度落ち着いて仕切り直す

たくさんのプロに話を聞いてみるとあることに気づく。それは語り手が誰であってもアドレスの重要性を説くことである。ある人はスイングの90％はアドレスで決まるといい、またある人は70％がアドレスだ、という。いずれにしろスイングにおけるアドレスの大切さは相当のものがある。

もちろん我々のようなアマチュアゴルファーでもそれなりに慎重なアドレスをする。だが、そのとき、心の中にふと不安が生まれたり、あるいは欲が出たりといったことが起きる。他にもスタンスの広さやボールまでの距離がしっくりしないという感覚が生じることもあるだろう。

しかし、アマチュアゴルファーの多く、特にビギナーはそういった些細なことは関係ないとばかり「エエイままよ！」とボールを打ってしまうことがよくある。だが、そんなふうにして打ったショットのほとんどが失敗に終わっているのではないだろうか。そして打ったあと、未練たっぷりに「ああ、もう一度アドレスし直せばよかった」という悔しい思いをする。

どうしてアドレスをやり直さないのか。という理由はいろいろなものがあるだろう。ショットに自信がない、心に余裕がない、というのもそんな中の1つだろう。だが我々日本人に最も多いのは同伴競技者の迷惑になるからという気遣いによる理由が多いのではないだろうか。気を遣い過ぎるあまり、アドレスをやり直すのがマナーに反することでもあるかのように思ってしまうのである。

しかし考えてみればいい加減なアドレスをしたばっかりにとんでもない方向にボールを飛ばし、余計に時間を食ってしまうことだってあるのだ。気になることがあったらアドレスをやり直してみよう。そして一緒にプレーする仲間も、そのことを快く許可できるようにしたいものだ。

心と頭脳編 88

人の意見の聞き過ぎは、時として大きな失敗を招く

前にもあったようにゴルフは考えるスポーツである。だが何をするにしても過ぎたるは及ばざるが如し、あまり考え過ぎると逆効果になるから気をつけなければならない。

例えばいつも練習場でボールを打っているときと違ってどうもボールが芯に当たらない、というとき。そんなとき、急に今までやっていたものと違うアドレスをしてみたり、スタンスの幅を極端に変えたりしていないだろうか？　そして今まで培ってきたスイングをバラバラにしていないだろうか？　もしそうだとしたらこれは明らかに考え過ぎ。2ホールや3ホール、当たりが出ないことはしばしばあること。もしすべて大成功になったら、プロ以上ということになってしまう。

また、プレーイングパートナーの意見に耳を傾け過ぎるのも考えもの。もちろん相手は善意からアドバイスを与えてくれているのだからまったく無視する必要はないが、人によっては影響されやすかったりする。こんな人は自分が練習して作ったフォームをきれいさっぱり忘れてしまってアドバイザーの意見通りに振ってしまいがち。しかしこれは考えもの。一種の考え過ぎといっていいかもしれない。人それぞれ体格が違うのだし、何よりゴルフにはスタイルというものがある。自分が自信を持って実行していることは、なるべく続けるようにしたほうがいい。

ゴルフにはわからないことが多い。同じスイングをしても飛んだり飛ばなかったり、同じ感じでパッティングしてもグリーンによって転がったり転がらなかったり。でも逆に言えば、それがあるからゴルフは楽しいのだ。考え過ぎず、楽しみながらプレーすればいいのである。時には人の意見に耳を貸し、時には我を通す。そんなスタイルがベストであろう。

EPILOGUE

あとがき

「幸いなるかな、ダッファー諸君！ 君は誰よりも多く歩き、誰よりも多く打つ幸運に恵まれている」

こう言ったのは、英国のゴルフ好きだった首相、デビッド・ロイド・ジョージである。

確かにゴルフが下手な者は、上手い者よりもたくさんのボールを打つことができる。下手な者は右に左にとボールを曲げるから、真っ直ぐ飛ばす者よりもたくさんの距離を歩くことになる。しかし、ゴルフというゲームが、打数が少ないほうが勝利するものである以上、多くを歩き、多くを打つことが幸いだとは思えない。

いかに狙ったところにボールを飛ばし、無駄歩きをなくして、グリーンにある穴に少ない打数で入れられるか、それこそが幸せであることはゴルファーならば誰もが知っている。

19世紀の後半から20世紀初頭にかけて、ハリー・バードン、ジェームズ・ブレイドとともに3巨頭といわれたジョン・ヘンリー・テイラーは全英オープンに6度の優勝を遂げている偉大なゴルファーだが、次のような言葉を残している。

「ゴルファーの最も崇高な目的は、人を驚かせるような素晴らしいショットではなく、ミスを1つ1つ着実に減らしていくことである」

まさにその通りなのである。

そのことはハンディキャップ10以下のシングルさんとゴルフをすればすぐにわかる。目を見張るような素晴らしいショットがなくとも、ひどいミスがないために、右往左往することがなく、落ち着いたプレーで、あれよあれよとパーを重ねて70台でしっかりとプレーしてしまうのだから。

決してダボやトリは叩かないゴルフ。ボギーはあるが、ほとんどパーで上がってしまえるゴルフ。ときにはバーディのおまけまで付いてしまうゴルフ。

やはりゴルフをする者としては、そうしたゴルフがしていいたい。

本誌『イラストレッスン　ゴルフ100切りバイブル』はそうしたゴルフができるよう、大切なポイントを加藤伸吉氏の愉しいイラストと共に1冊にまとめました。アドレスやグリップなどの基本編、ドライバーでの飛ばし編、フェアウェイウッドやアイアンなどを含めたスイング編、さらにはアプローチやパッティング術、最後にはコースマネジメントやメンタルに関わる事柄をと、100を切るための大切な88ポイントをお送りしました。

すべてをマスターするのもよし、苦手なショットのところだけを学ぶのもよし、好きな形で記憶に残して100切りを達成してもらえたらと思います。

さらには、本誌と同じ、小社、日本経済新聞出版社から発刊されている、「読めば読むほど上手くなる教養ゴルフ誌」である『書斎のゴルフ』（1、4、7、10月発売）を毎号読んでいただけるよう、切に願っております。アマチュアゴルファーの上達志向に必ずや報える雑誌と自負しております。よろしくご贔屓にお願いいたします。

2012年1月
『書斎のゴルフ』編集長
本條強

文／（株）オフィスダイナマイト
イラスト／加藤伸吉
本文レイアウト／山田康裕
編集／（株）オフィスダイナマイト

日経ビジネス人文庫

イラストレッスン
ゴルフ100切《ぎ》りバイブル

2012年2月1日 第1刷発行

編者
「書斎のゴルフ」編集部

発行者
斎田久夫

発行所
日本経済新聞出版社
東京都千代田区大手町1-3-7 〒100-8066
電話(03)3270-0251(代) http://www.nikkeibook.com/

ブックデザイン
鈴木成一デザイン室
西村真紀子(albireo)

印刷・製本
凸版印刷

Printed in Japan ISBN978-4-532-19626-4

中部銀次郎 ゴルフの極意

杉山通敬

「難コースも18人の美女に見立てて口説くように攻略すれば上手くいく」——。日本アマ6勝の球聖が語ったゴルフの上達の秘訣。

普通のサラリーマンが2年でシングルになる方法

山口信吾

ごく普通のサラリーマンが「真の練習」に目覚めた結果、定年前の2年間でハンディキャップ8に。急上達の秘訣と練習法を初公開！

中部銀次郎 ゴルフの流儀

杉山通敬

「会心の1打も、ミスショットも同じ1打。すべてのストロークを敬うことが大切」——。日本アマ6勝、球聖が教えるゴルフの哲学。

中部銀次郎 ゴルフの神髄

中部銀次郎

「技術を磨くことより心の内奥に深く問い続けることが大切」——。伝説のアマチュアゴルファーが遺した、珠玉のゴルフスピリット集。

ゴルファーは開眼、閉眼、また開眼

鈴木康之

コピーライターで、ゴルフ研究家としても知られる著者が、もっと上質なプレーヤーになるために役立つ賢者の名言を紹介。

中部銀次郎 ゴルフの心

杉山通敬

「敗因はすべて自分にあり、勝因はすべて他者にある」「余計なことは言わない、しない、考えない」。中部流「心」のレッスン書。

ゴルフレッスンの神様 ハーヴィー・ペニックのレッド・ブック

H・ペニック&B・シュレイク
本條 強=訳

全世界で話題の「伝説のレッスン書」が文庫化。ゴルフというゲームのやさしさ、楽しさ、そして奥深さを教えてくれるゴルフバイブル。

ゴルフはマナーでうまくなる

鈴木康之

ゴルファーとして知っておきたい重要なエチケットをエッセイ形式で解説。ゴルフで人生をしくじらないための必読書!

江連忠のゴルフ開眼!

江連 忠

「右脳と左脳を会話させるな」――。歴代賞金王からアマチュアまで、悩めるゴルファーを開眼させたカリスマコーチの名語録。

定年後はイギリスでリンクスゴルフを愉しもう[カラー版]

山口信吾

雨、風、雹、深いラフにバンカー――だからリンクスゴルフは面白い! ゴルフの聖地の愉しさをカラー写真と体験記で紹介。

90を切る! 倉本昌弘のゴルフ上達問答集

倉本昌弘

「最長飛距離よりも平均飛距離」「次のショットを考えた上で今のショットを打つ」――。倉本プロがスコアメイクの秘訣を伝授。

達人シングルが語るゴルフ上達の奥義

山口信吾

11人がクラブチャンピオン、7人がエージシューター――。普通のサラリーマンが片手シングルになった秘訣とは何か? その上達法に迫る。

STEP! STEP! STEP! 髙橋大輔

原 真子

男子フィギュアを変えた国民的スター・髙橋大輔はいかに生まれたか——。女性記者渾身のルポルタージュ。

シングルへの道 倉本昌弘のゴルフ上達問答集

倉本昌弘

自分の得意と不得意を知るだけで誰でもシングルになれる！　ゴルフ博士・倉本プロが対談スタイルでやさしくレッスン。

リンボウ先生の〈超〉低脂肪なる生活

林 望

美食家で知られる著者が10キロの減量に成功。その食生活とこだわりをオリジナルレシピ付で公開。健康的にやせるヒントが満載！

イラストレッスン ゴルフ100切りバイブル

「書斎のゴルフ」編集部=編

「左の耳でパットする」「正しいアドレスはレールの上で」「アプローチはボールを手で投げるように」——。脱ビギナーのための88ポイント。

かんたん美味1・2

ベターホーム協会=編

日経 PLUS1の人気連載が文庫に！今日のごはんから酒の肴、デザートまで、旬の素材を使ったレシピ100点をオールカラーで紹介。

100切り速効レッスン ゴルフ真実の上達法

桑田 泉

上達への近道は逆転の発想。「ボールを見るな！ ダフれ！ 手打ちしろ！」 桑田泉が100切りのための最速理論をレッスン！